中国通史

精 选

吕思勉 —— 著

U0131559

台海出版社

图书在版编目（CIP）数据

中国通史 : 精选 / 吕思勉著. -- 北京 : 台海出版社, 2022.9

ISBN 978-7-5168-3365-0

Ⅰ.①中… Ⅱ.①吕… Ⅲ.①中国历史—通俗读物 Ⅳ.① K209

中国版本图书馆CIP数据核字（2022）第144863号

中国通史：精选

著　者：吕思勉

出 版 人：蔡　旭　　　　　　　封面设计：尚上文化
责任编辑：徐　玥

出版发行：台海出版社
地　　址：北京市东城区景山东街 20 号　邮政编码：100009
电　　话：010-64041652（发行，邮购）
传　　真：010-84045799（总编室）
网　　址：www.taimeng.org.cn/thcbs/default.htm
E - m a i l：thcbs@126.com

经　　销：全国各地新华书店
印　　刷：三河市骏杰印刷有限公司
本书如有破损、缺页、装订错误，请与本社联系调换

开　　本：880mm×1230mm　　　1/32
字　　数：134 千字　　　　　　　印　　张：7.25
版　　次：2022 年 9 月第 1 版　　印　　次：2022 年 9 月第 1 次印
书　　号：ISBN 978-7-5168-3365-0

定　　价：49.80 元

出版说明

　　吕思勉先生所著《中国通史》完成于 1939 年，分上、下两编。本次出版只收录下编，书中按历史顺序叙述了中国历朝政治历史的变革，因此，书名定为《中国通史》（精选）。

　　由于作者的写作时间距今已有八十多年，因此书中存在一些当时的语言习惯和行政区域划分方式，以及对当时事件的表述和人的称谓等未作删改，保留了作品原貌。

目 录

绪　论

　　历史，究竟是怎样一种学问？研究了它，究竟有什么
用处呢？

　　这个问题，在略知学问的人，都会毫不迟疑地作答道：
历史是前车之鉴。什么叫作前车之鉴呢？他们又会毫不迟
疑地回答道：昔人所为而得，我可以奉为模范；如其失策，
便当设法避免；这就是所谓"法戒"。这话骤听似是，细
想就知道不然。世界上哪有真正相同的事情？所谓相同，
都是察之不精，误以不同之事为同罢了。远者且勿论。欧
人东来以后，我们应付他的方法，何尝不本于历史上的经
验？其结果却是如何呢？然则历史是无用了么？而不知往
事，一意孤行的人，又未尝不败。然则究竟如何是好呢？

　　历史虽是记事之书，我们之所探求，则为理而非事。
理是概括众事的，事则只是一事。天下事既没有两件真正
相同的，执应付此事的方法，以应付彼事，自然要失败。
根据于包含众事之理，以应付事实，就不至于此了。然而

理是因事而见的，舍事而求理，无有是处。所以我们求学，不能不顾事实，又不该死记事实。

要应付一件事情，必须明白它的性质。明白之后，应付之术，就不求而自得了。而要明白一件事情的性质，又非先知其既往不可。一个人，为什么会成为这样子的一个人？譬如久于官场的人，就有些官僚气；世代经商的人，就有些市侩气；向来读书的人，就有些迂腐气。难道他是生来如此的么？无疑，是数十年的做官、经商、读书养成的。然则一个国家，一个社会，亦是如此了。中国的社会，为什么不同于欧洲？欧洲的社会，为什么不同于日本？习焉不察，则不以为意，细加推考，自然知其原因极为深远复杂了。然则往事如何好不研究呢？然而已往的事情多着呢，安能尽记？社会上每天所发生的事情，报纸所记载的，奚啻亿兆京垓分之一。一天的报纸，业已不可遍览，何况积而至于十年、百年、千年、万年呢？然则如何是好？

须知我们要知道一个人，并不要把他已往的事情，通统都知道了，记牢了。我，为什么成为这样一个我？反躬自省，总是容易明白的，又何尝能把自己已往的事，通统记牢呢？然则要明白社会的所以然，也正不必把已往的事，全数记得，只要知道"使现社会成为现社会的事"就够了。然而这又难了。

任何一事一物，要询问它的起源，我们现在不知所对的很多。其所能对答的，又十有八九靠不住。然则我们安能本于既往，以说明现在呢？

这正是我们所以愚昧的原因，而史学之所求，亦即在此。史学之所求，不外乎（一）搜求既往的事实，（二）加以解释，（三）用以说明现社会，（四）因以推测未来，而指示我们以进行的途径。

往昔的历史，是否能肩起这种任务呢？观于借鉴于历史以应付事实导致失败者之多，无疑是不能的。其失败的原因安在？列举起来，也可以有多端，其中最重要的，自然是偏重于政治。翻开《二十五史》来一看（从前都说《二十四史》，这是清朝时候，功令上所定为正史的。民国时代，柯劭忞所著的《新元史》业经奉徐世昌总统令，加入正史之中，所以现在该称《二十五史》了）所记的，全是些战争攻伐，在庙堂上的人所发的政令，以及这些人的传记世系。昔人称《左氏》为相斫书；近代的人称《二十四史》为帝王的家谱；说虽过当，也不能谓其全无理由了。单看了这些事，能明白社会的所以然么？从前的历史，为什么会有这种毛病呢？这是由于历史是文明时代之物，而在文明时代，国家业已出现，并成为活动的中心，常人只从表面上看，就认为政治可以概括一切，至少是社会现象中最重要的一项了。其实政治只是表面上的事情。政治的活动，全靠社会做根底。社会，实在政治的背后，做了无数更广大更根本的事情。不明白社会，是断不能明白政治的。所以现在讲历史的人，都不但着重于政治，而要着重于文化。

何谓文化？向来狭义的解释，只指学术技艺而言，其为不当，自无待论。说得广的，又把一切人为的事都包括于文化之中，然则动物何以没有文化呢？须知文化正是人之所以异于他动物的。其异点安在呢？凡动物，多能对外界的刺激而起反应，亦多能与外界相调适。然其与外界相调适，大抵出于本能，其力量极有限，而且永远不过如此。人则不然。所以人所处的世界，与动物所处的世界，大不相同。人之所以能如此，（一）由其有特异的脑筋，能想出种种法子；（二）其手和足的作用分开，能制造种种工具，以遂行其计划；（三）又有语言以互相交通，而其扩大的即为文字。此人之所知，所能，可以传之于彼；前人之所知，所能，并可以传之于后。因而人的工作，不是个个从头做起的，乃是互相接续着做的。不像赛跑的人，从同一地点出发，却像驿站上的驿夫，一个个连接着，向目的地进行。其所走的路线自然长，而后人所达到的，自非前人所能知了。然则文化，是因人有特异的禀赋，良好的交通工具而成就的控制环境的共业。动物也有进化，但它的进化，除非改变其机体，以求与外界相适应，这是要靠遗传上变异淘汰等作用，才能达到目的的，自然非常迟慢。人则只须改变其所用的工具，和其对付事物的方法。我们身体的构造，绝无以异于野蛮人，而其控制环境的成绩，却大不相同，即由其一为生物进化，一为文化进化之故。人类学上，证明自冰期以后，人的体质，无大变化。埃及的尸体解剖，亦证明其身体构造，与现今的人相同。可见人类的进化，全是文化进化。恒人每以文化状况，与民族能力，并为一谈，实在是一个重大的错误。遗传学家，论社会的进化，过于重视个体的先天能力，也不免为此等俗见所累。至于有意夸张种族能力的，那更不啻自承其所谓进化，将返于生物进化了。从理论上说，人的行为，也有许多来自机体，和动物无以异的，然亦无不披上文化的色彩。如饮食男女之事，即其最显明之例。所以在理论上，虽不能将人类一切行为，都称为文化行为，在事实上，则人类一切行为，几无不与文化有关系。可见文化范围的广大。能了解文化，自然就能了解社会了（人类的行为，原于机体的，只是能力。其如何发挥此能力，则全因文化而定其形式）。

全世界的文化，到底是一元的？还是多元的？这个问题，还非今日所能解决。研究历史的人，即暂把这问题置诸不论不议之列亦得。因为目前分明放着多种不同的文化，有待于我们的各别研究。话虽如此说，研究一种文化的人，专埋头于这一种文化，而于其余的文化，概无所见，也是不对的。因为：（一）各别的文化，其中仍有共同的原理存。（二）而世界上各种文化，交流互织，彼此互有关系，也确是事实。文化本是人类控制环境的工具，环境不同，文化自因之而异。及其兴起以后，因其能改造环境之故，愈使环境不同。人类遂在更不相同的环境中进化。其文化，自然也更不相同了。文化有传播的性质，这是毫无疑义的。此其原理，实因人类生而有求善之性（智）与相爱之情（仁）。所以文化优的，常思推行其文化于文化相异之群，以冀改良其生活，共谋人类的幸福（其中固有自以为善而实不然的，强力推行，反致引起纠纷，甚或酿成大祸，宗教之传布，即其一例。但此自误于愚昧，不害其本意之善）。而其劣的，亦恒欣然接受（其深闭固拒的，皆别有原因，当视为例外）。这是世界上的文化所以交流互织的原因。而人类的本性，原是相同的。所以在相类的环境中，能有相类的文化。即使环境不同，亦只能改变其形式，而不能改变其原理（正因原理之同，形式不能不异，即因形式之异，可见原理之同，昔人夏葛冬裘之喻最妙）。此又不同的文化，所以有共同原理的原因。以理言之如此。以事实言，则自塞趋通，殆为进化无疑的轨辙。试观我国，自古代林立的部族，进而为较大的国家；再进而为更大的国家；再进而臻于统一；更进而与域外交通，开疆拓土，无非受这原理的支配。转观外国的历史，亦系如此。今者世界大通，前此各别的文化，当合流而生一新文化，更是毫无疑义的了。然则一提起文化，就该是世界的文化，而世界各国的历史，亦将可融合为一。为什么又有所谓国别史，以研究各别的文化呢？这是因为研究的方法，要合之而见其大，必先分之而致其精。况且研究的人，各有其立场。居中国而言中国，欲策将来的进步，自必先了解既往的情形。即以迎受外来的文化而论，亦必有其预备条件。不先明白自己的情形，是无从定其迎拒的方针的。所以我们在今日，欲了解中国史，固非兼通外国史不行，而中国史亦自有其特殊研究的必要。

人类以往的社会，似乎是一动一静的。我们试看，任何一个社会，在以往，大都有个突飞猛进的时期。隔着一个时期，就停滞不进了。再阅若干时，又可以突飞猛进起来。已而复归于停滞。如此更互不已。这是什么理由？解释的人，说节奏是人生的定律。个人如此，社会亦然。只能在遇见困难时，奋起而图功，到认为满足时，就要停滞下来了。社会在这时期就会本身无所发明；对于外来的，亦非消极地不肯接受，即积极地加以抗拒。世界是无一息不变的（不论自然的和人为的，都系如此）。人，因其感觉迟钝，或虽有感觉，而行为濡滞之故，非到外界变动，积微成著，使其感觉困难时，不肯加以理会，设法应付。正和我们住的屋子，非到除夕，不肯加以扫除，以致尘埃堆积，扫除时不得不大费其力一样。这是世界所以一治一乱的真原因。倘使当其渐变之时，随时加以审察，加以修正，自然不至于此了。人之所以不能如此，昔时的人，都以为这是限于一动一静的定律，无可如何的。我则以为不然。这种说法，是由于把机体所生的现象和超机现象并为一谈，致有此误。须知就一个人而论，劳动之后，需要休息若干时；少年好动，老年好静，都是无可如何之事。社会则不然。个体有老少之殊，而社会无之。个体活动之后，必继之以休息，社会则可以这一部分动，那一部分静。然则人因限于机体之故，对于外界，不能自强不息地为不断的应付，正可借社会的协力，以弥补其缺憾。然则从前感觉的迟钝，行为的濡滞，只是社会的病态（如因教育制度不良，致社会中人，不知远虑，不能预烛祸患；又如因阶级对立尖锐，致寄生阶级不顾大局的利害，不愿改革等，都只可说是社会的病态）。我们能矫正其病态，一治一乱的现象，自然可以不复存，而世界遂臻于郅治了。这是我们研究历史的人最大的希望。

马端临的《文献通考·序》，把历史上的事实分为两大类：一为理乱兴亡，一为典章经制。这种说法，颇可代表从前史学家的见解。一部《二十五史》，拆开来，所谓纪传，大部分是记载理乱兴亡一类的事实的，志则以记载典章经制为主（表二者都有）。理乱兴亡一类的事实，是随时发生的，今天不能逆料明天。典章经制，则为人预设之以待将来的，其性质较为持久。所以前者可称为动的史实，后者可称为静的史实。史实确乎不外这两类，但限其范围于政治以内，则未免太狭了。须知文化的范围，广大无边。两间的现象，除（一）属于自然的；（二）或虽出于生物，而纯导原于机体的，一切都当包括在内。它综合有形无形的事物，不但限制人的行为，而且陶铸人的思想。在一种文化中的人，其所作所为，断不能出于这个文化模式以外，所以要讲文化史，非把昔时的史料，大加扩充不可。教育部所定大学课程草案，各学院共同必修科，本有文化史而无通史。后又改为通史，而注明当注重于文化。大约因为政治的现象，亦不可略，怕改为文化史之后，讲授的人全忽略了政治事项之故，用意固甚周详。我这一部书，取材颇经拣择，说明亦力求显豁。颇希望读了的人，对于中国历史上重要的文化现象，略有所知，因而略知现状的所以然；对于前途，可以预加推测；因而对于我们的行为，可以有所启示。以我之浅学，而所希望者如此，自不免操豚蹄而祝篝车之诮，但总是我的一个希望罢了。

第一章
中国民族的由来

　　叙述历代的盛衰，此即向来所谓政治史。中国从前的历史，所以被人讥诮为帝王的家谱，为相斫书，都由其偏重这一方面之故。然而矫枉过正，以为这一方面，可以视为无足重轻，也是不对的。现在的人民，正和生物在进化的中途需要外骨保护一样。这话怎样说呢？世界尚未臻于大同之境，人类的利害，不能免于彼此对立，就不免要靠着武力或者别种力量互相剥削，在一个团体之内，虽然有更高的权力以平判其是非曲直，而制止其不正当的竞争，在各个团体之间，却至今还没有，到被外力侵犯之时，即不得不以强力自卫，此团体即所谓国家。一个国家之中，总包含着许多目的简单、有意用人力组成的团体，如实业团体、文化团体等都是。此等团体，和别一个国家内性质相同的团体，是用不着分界限的，能合作固好，能合并更好。无如世界上现在还有用强力压迫人家、掠夺人家的事情，我们没有组织，就要受到人家的压迫、掠夺，而浸至无以自存了。这是现今时代国家所以重要的原因。世界上的人多着呢，为什么有些人能合组一个国家，有些人却要分作两国呢？这个原因，最重要的，就是民族的异同，而民族的根柢，则为文化。世界文化的发达，其无形的目的，总是向着大同之路走的，但非一蹴可几。未能至于大同之时，则文化相同的人民可以结为一体，通力合作，以共御外侮；文化不相同的则不能然，此即民族国家形成的原理。在现今世界上，非民族的国家固多，然总不甚稳固。其内部能平和相处，强大民族承认弱小民族自决权利的还好，其不然的，往往演成极激烈的争斗；而一民族强被分割的，亦必出死力以求其合，这是世界史上数见不鲜的事。所以民族国家，在现今，实在是一个最重要的组织，若干人民，其文化能互相融和而成为一个民族，一个民族而能建立一个强固的国家，都是很不容易的事。苟其能之，则这一个国家，就是这一个民族在今日世界上所以自卫，而对世界的进化尽更大的责任的良好工具了。

中国是世界上最大的一个民族国家，这是无待于言的。一个大民族，固然总是融合许多小民族而成，然其中亦必有一主体。为中国民族主体的，无疑是汉族了。汉族的由来，在从前是很少有人提的。这是因为从前人地理知识的浅薄，不知道中国以外还有许多地方之故。至于记载，邃古的时代，自然是没有的。后来虽然有了，然距邃古的时代业已很远，又为神话的外衣所蒙蔽。一个民族不能自知其最古的历史，正和一个人不能自知其极小时候的情形一样。如其开化较晚，而其邻近有先进的民族，这一个民族的古史，原可借那一个民族而流传，中国却又无有。那么，中国民族最古的情形，自然无从知道了。直至最近，中国民族的由来，才有人加以考究，而其初还是西人，到后来，中国人才渐加注意。从前最占势力的是"西来说"，即说中国民族，自西方高地而来。其中尤被人相信的，为中国民族来自黄河上源昆仑山之说。此所谓黄河上源，乃指今新疆省的于阗河；所谓昆仑山，即指于阗河上源之山。这是因为：（一）中国的开化，起于黄河流域。（二）汉武帝时，汉使穷河源，说河源出于于阗。《史记·大宛列传》说，天子案古图书，河源出于昆仑。后人因汉代去古未远，相信武帝所案，必非无据之故。其实黄河上源，明明不出于阗，若说于阗河伏流地下，南出而为黄河上源，则为地势所不容，明明是个曲说。而昆仑的地名，在古书里也是很神秘的，并不能实指其处，这只要看《楚辞》的《招魂》、《淮南子》的《地形训》和《山海经》便知。所以以汉族开化起于黄河流域，而疑其来自黄河上源，因此而信今新疆西南部的山为汉族发祥之地，根据实在很薄弱。这一说，在旧时诸说中，是最有故书雅记作根据的，而犹如此，其他更不必论了。

茫昧的古史，虽然可以追溯至数千年以上，然较诸民族的缘起，则是远后的。所以追求民族的起源，实当求之于考古学，而不当求之于历史。考古学在中国，是到最近才略见曙光的。其所发现的人类，最古的是一九〇三年河北房山县周口店所发现的北京人 [Peking Man。此名为安特生所命，协和医学院解剖学教授步达生（Davidson Black）名之为 Sinanthropus Pekinensis，叶为耽名之曰震旦人，见所著《震旦人与周口店文化》，商务印书馆本]。据考古学家的研究，其时约距今四十万年。其和中国人有无关系，殊不可知，不过因此而知东方亦是很古的人类起源之地罢了。其和历史时代可以连接的，则为民国十年辽宁锦西沙锅屯，河南渑池仰韶村，及十二年、十三年甘肃临夏、宁定、民勤，青海贵德及青海沿岸所发现的彩色陶器，和俄属土耳其斯坦所发现的酷相似。考古家安特生（J.G.Andersson）因谓中国民族，实自中亚经新疆、甘肃而来。但彩陶起自巴比伦，事在公元前三千五百年，传至小亚细亚，约在公元前二千五百年至前二千年，传至希腊，则在前二千年至前一千年，俄属土耳其斯坦早有铜器，河南、甘肃、青海之初期则无之，其时必在公元前二千五百年之前，何以传播能如是之速？制铜之术，又何以不与制陶并传？斯坦因（Sir Aurel Stein）在新疆考古，所得汉、唐遗物极多，而先秦之物，则绝无所得，可见中国文化在先秦世实尚未行于西北，安特生之说，似不足信了（此说略据金兆梓《中国人种及文化由来》，见《东方杂志》第二十六卷第二期）。民国十九年以后，山东历城的城子崖、滕县的安上村，都发现了黑色陶器。江苏武进的奄城，金山的戚家墩，吴县的磨盘山、黄壁山，浙江杭县的古荡、良渚，吴兴的钱山漾，嘉兴的双栖，平湖的乍浦，海盐的澉浦，亦得有新石器时代的石器、陶器，其中杭县的黑陶，颇与山东相类。又河域所得陶器，皆为条文及席文，南京，江、浙和山东邹县，福建武平，辽宁金县貔子窝及香港的陶器，则其纹理为几何形。又山东、辽宁有有孔石斧，朝鲜、日本有有孔石厨刀，福建厦门、武平有有沟石锛，南洋群岛有有沟石斧，大洋洲木器所刻动物形，有的和中国铜器上的动物相像，北美阿拉斯加的土器，也有和中国相像的。然则中国沿海一带，实自有其文化。据民国十七年以后中央研究院在河南所发掘，安阳的侯家庄，浚县的大赍店，兼有彩色、黑色两种陶器，而安阳县北的小屯村，即一八九八、九九年发现甲骨文字之处，世人称为"殷墟"的，亦有几何纹的陶器。又江、浙石器中，有戈、矛及钺，河域唯殷墟有之。鬲为中国所独有，为鼎之前身，辽东最多，仰韶亦有之，甘肃、青海，则至后期才有。然则中国文化，在有史以前，似分东、西两系。东系以黑陶为代表，西系以彩陶为代表，而河南为其交会之地。彩陶为西方文化东渐的，代表中国固有的文化的，实为黑陶。试以古代文化现象证之：（一）"国君无故不杀牛，大夫无故不杀羊，士无故不杀犬豕"，而鱼鳖则为常食。（二）衣服材料，以麻、丝为主，裁制极其宽博。（三）古代的人民，是巢居或湖居的。（四）其货币多用贝。（五）在宗教上又颇敬畏龙蛇。皆足证其文化起于东南沿海之处；彩陶文化之为外铄，似无疑义了。在古代，亚洲东方的民族，似可分为三系，而其处置头发的方法，恰可为其代表，这是一件极有趣味的事，即北族辫发、南族断发、中原冠带。《尔雅·释言》说："齐，中也。"《释地》说："自齐州以南戴日为丹穴，北戴斗极为空同，东至日所出为大平，西至日所入为大蒙。""齐"即今之"脐"字，本有中央之义。古代的民族，总是以自己所居之地为中心的，齐州为汉族发祥之地，可无疑义了。然则齐州究在何处呢？我们固不敢断言其即后来的齐国，然亦必与之相近。又《尔雅·释地》说"中有岱岳"，而泰山为古代祭天之处，亦必和我民族起源之地有关。文化的发展，总是起于大河下流的，埃及和小亚细亚即其明证。与其说中国文化起于黄河上流，不如说其起于黄河下流的切于事情了。近来有些人，窥见此中消息，却又不知中国和南族之别，甚有以为中国人即是南族的，这个也不对。南族的特征是断发文身，断发即我国古代的髡刑，文身则是古代的黥刑，以南族的装饰为刑，可见其曾与南族相争斗，而以其俘虏为奴隶。近代的考古学，证明长城以北的古物，可分为三类：（一）打制石器，其遗迹西起新疆，东至东三省，而限于西辽河、松花江以北，环绕着沙漠。（二）细石器，限于兴安岭以西。与之相伴的遗物，有类似北欧及西伯利亚的，亦有类似中欧及西南亚的，二者均系狩猎或畜牧民族所为。（三）磨制石器，北至黑龙江昂昂溪，东至朝鲜北境，则系黄河流域的农耕民族所为，其遗物多与有孔石斧及类鬲的土器并存，与山东龙口所得的土器极相似。可见我国民族，自古即介居南北两民族之间，而为东方文化的主干了（步达生言仰韶村、沙锅屯的遗骸，与今华北人同，日本清野谦次亦谓貔子窝遗骸与仰韶村遗骸极相似）。

第二章
中国史的年代

　　讲历史要知道年代，正和讲地理要知道经纬线一般。有了经纬线，才知道某一地方在地球面上的某一点，和其余的地方距离如何，关系如何。有了年代，才知道某一件事发生在悠远年代中的某一时，当时各方面的情形如何，和其前后诸事件的关系如何。不然，就毫无意义了。

　　正确的年代，原于（一）正确，（二）不断地记载。中国正确而又不断地记载，起于什么时候呢？那就是周朝厉、宣二王间的共和元年。下距民国纪元二千七百五十二年，公历纪元八百四十一年，在世界各国中，要算是很早的了。但是比之于人类的历史，还如小巫之见大巫。世界之有人类，其正确的年代虽不可知，总得在四五十万年左右。历史确实的纪年，只有二千余年，正像人活了一百岁，只记得一年不到的事情，要做正确的年谱，就很难了。虽然历史无完整的记载，历史学家仍有推求之法。那便是据断片的记载，涉及天地现象的，用历法推算。中国用这方法的也很多。其中较为通行的，一为《汉书·律历志》所载刘歆之所推算，一为宋朝邵雍之所推算。刘歆所推算：周朝八百六十七年，殷朝六百二十九年，夏朝四百三十二年，虞舜在位五十年，唐尧在位七十年。周朝的灭亡，在民国纪元前二千一百六十七年，公历纪元前二百五十六年，则唐尧的元年，在民国纪元前四千二百一十五年，公历纪元前二千三百零五年。据邵雍所推算，则唐尧元年，在民国纪元前四千二百六十八年，公历纪元前二千三百五十七年。据历法推算，本是极可信据的，但前人的记载，未必尽确，后人的推算，也不能无误，所以也不可尽信。不过这所谓不可信，仅系不密合，论其大概，还是不误的。《孟子·公孙丑下篇》说："由周而来，七百有余岁矣。"《尽心下篇》说："由尧、舜至于汤，五百有余岁；由汤至于文王，五百有余岁；由文王至于孔子，五百有余岁。"乐毅报燕惠王书，称颂昭王破齐之功，说他"收八百岁之蓄积"。《韩非子·显学篇》说："殷、周七百余岁（此七百余岁但指周言），虞、夏二千余岁。"都和刘歆、邵雍所推算，相去不远。古人大略的记忆，十口相传，是不会大错的。然则我国历史上可知而不甚确实的年代，大约在四千年以上了。

自此以上，连断片的记录，也都没有，则只能据发掘所得，推测其大略，是为先史时期。人类学家把人类所用的工具，分别他进化的阶段，最早的为旧石器时期，次之为新石器时期，都在有史以前，更次之为青铜器时期，更次之为铁器时期，就在有史以后了。我国近代发掘所得，据考古学家的推测：周口店的遗迹，约在旧石器前期之末，距今二万五千年至七万年。甘、青、河南遗迹，早的在新石器时期，在公历纪元前二千六百至三千五百年之间；晚的在青铜器时期，在公历纪元前一千七百至二千六百年之间。案：古代南方铜器的发明，似较北方为早，则实际上，我国开化的年代，或许还在此以前。

中国古书上，有的把古史的年代，说得极远而且极确实的，虽然不足为凭，然因其由来甚远，亦不可不一发其覆。按《续汉书·律历志》载蔡邕议历法的话，说《元命苞》《乾凿度》，都以为自开辟至获麟（获麟是《春秋》的末一年，在公元前四八一年），二百七十六万岁。司马贞《补三皇本纪》，则说《春秋纬》称自开辟至获麟，凡三百二十七万六千岁，分为十纪。据《汉书·律历志》，刘歆的三统历法，以十九年为一章，四章为一蔀，二十蔀为一纪，三纪为一元。二百七十五万九千二百八十年，乃是六百一十三元之数，《汉书·王莽传》说：莽下三万六千岁历，三万六千被乘于九十一，就是三百二十七万六千年了。这都是乡壁虚造之谈，可谓毫无历史上的根据。

第三章

古代的开化

　　中国俗说，最早的帝王是盘古氏。古书有的说他和天地开辟并生，有的说他死后身体变化而成日月、山河、草木等（徐整《三五历记》说："天地混沌如鸡子，盘古生其中万八千岁，天地开辟，阳清为天，阴浊为地，盘古在其中……天日高一丈，地日厚一丈，盘古日长一丈。如此万八千岁，天数极高，地数极深，盘古极长。"《五运历年记》说："首生盘古，垂死化身；气成风云，声为雷霆，左眼为日，右眼为月，四肢、五体为四极、五岳，血液为江河，筋脉为地理，肌肉为田土，发髭为星辰，皮毛为草木，齿骨为金石，精髓为珠玉，汗流为雨，身之诸虫，因风所感，化为黎虻。"）这自然是附会之辞，不足为据。《后汉书·南蛮传》说：汉时长沙、武陵蛮（长沙、武陵，皆后汉郡名。长沙，治今湖南长沙县。武陵，治今湖南常德县）的祖宗，唤作盘瓠，乃是帝喾高辛氏的畜狗。当时有个犬戎国，为中国之患。高辛氏乃下令，说有能得犬戎吴将军的头的，赏他黄金万镒，还把自己的女儿嫁给他。令下之后，盘瓠衔了吴将军的头来，遂背了高辛氏的公主，走入南山，生了五男五女，自相夫妻，成为长沙、武陵蛮的祖宗。现在广西一带，还有祭祀盘古的。闽、浙的畲民，则奉盘瓠为始祖，其画像仍作狗形。有人说盘古就是盘瓠，这话似乎很确。但是《后汉书》所记，只是长沙、武陵一支，而据古书所载，则盘古传说，分布之地极广，而且绝无为帝喾畜狗之说（据《路史》：会昌有盘古山，湘乡有盘古堡，雩都有盘古祠，成都、淮安、京兆，皆有盘古庙。会昌，今江西会昌县。湘乡，今湖南湘乡县。雩都，今江西雩都县。成都，今四川成都县。淮安，今江苏淮安县。京兆，今西京），则盘古、盘瓠，究竟是一是二，还是一个疑问。如其是一，则盘古本非中国民族的始祖；如其是二，除荒渺的传说外，亦无事迹可考；只好置诸不论不议之列了。

在盘古之后，而习惯上认为很早的帝王的，就是三皇、五帝。三皇、五帝之名，见于《周官·外史氏》，并没说他是谁。后来异说甚多（三皇异说：《白虎通》或说，无燧人而有祝融。《礼记·曲礼正义》说，郑玄注《中候敕省图》引《运斗枢》，无燧人而有女娲。案：《淮南子·天文训》《览冥训》，《论衡·谈天》《顺鼓》两篇，都说共工氏触不周之山，天柱折，地维缺，女娲炼五色石以补天，断鳌足以立四极，而司马贞《补三皇本纪》说系共工氏与祝融战，则女娲、祝融一人。祝融为火神，燧人是发明钻木取火的，可见其仍系一个部族。五帝异说：则汉代的古学家，于黄帝、颛顼之间，增加了一个少昊，于是五帝变成六人。郑玄注《中候敕省图》，乃谓德合五帝坐星，即可称帝，故"实六人而为五"。然总未免牵强。东晋晚出的《伪古文尚书》的《伪孔安国传序》，乃将三皇中的燧人除去，而将黄帝上升为三皇，于是六人为五的不通，给他弥缝过去了。《伪古文尚书》今已判明其为伪，人皆不之信，东汉古学家之说，则尚未显被推翻。但古学家此说，不过欲改五德终始说之相胜为相生，而又顾全汉朝之为火德，其作伪实无以异，而手段且更拙。案：五德终始之说，创自邹衍，本依五行相胜的次序。依他的说法，是虞土，夏木，殷金，周火，所以秦始皇自以为水德，而汉初自以为土德。到刘向父子出，改五德的次序为五行相生，又以汉为尧后。而黄帝的称号为黄，黄为土色，其为土德，无可移易。如此，依五帝的旧次，颛顼金德，帝喾水德，尧是木德，与汉不同德了。于其间增一少昊为金德，则颛顼水德，帝喾木德，尧为火德，与汉相同；尧以后则虞土，夏金，殷水，周木，而汉以火德承之，秦人则被视为闰位，不算入五德相承次序。这是从前汉末年发生，至后汉而完成的一套五德终始的新说，其说明见于《后汉书·贾逵传》，其不能据以言古代帝王的统系，是毫无疑义的了），其较古的，还是《风俗通》引《含文嘉》，以燧人、伏羲、神农为三皇，《史记·五帝本纪》以黄帝、颛顼、帝喾、尧、舜为五帝之说。燧人、伏羲、神农，不是"身相接"的，五帝则有世系可考。据《史记·五帝本纪》及《大戴礼记·帝系篇》，其统系如下：

案：五帝之说，原于五德终始，五德终始之说，创自邹衍，邹衍是齐人，《周官》所述的制度，多和《管子》相合，疑亦是齐学。古代本没有一个天子是世代相承；即一国的世系较为连贯的，亦必自夏以后。夏、殷两代，后世的史家，都认为是当时的共主，亦是陷于时代错误的。据《史记》的《夏本纪》《殷本纪》所载，明明还是盛则诸侯来朝，衰则诸侯不至，何况唐、虞以上？所以三皇、五帝，只是后人造成的一个古史系统，实际上怕全不是这么一回事。但自夏以后，一国的世系，既略有可考；而自黄帝以后，诸帝王之间，亦略有不很正确的世系，总可借以推测古史的大略了。

古代帝王的称号，有所谓德号及地号（服虔说，见《礼记·月令》疏）。德号是以其所做的事业为根据的，地号则以其所居之地为根据。案：古代国名、地名，往往和部族之名相混，还可以随着部族而迁移，所以虽有地号，其部族究在何处，仍难断言。至于德号，更不过代表社会开化的某阶段；或者某一个部族，特长于某种事业；并其所在之地而不可知，其可考见的真相，就更少了。然既有这些传说，究可略据之以为推测之资。传说中的帝王，较早而可考见社会进化的迹象的，是有巢氏和燧人氏。有巢氏教民构木为巢，燧人氏教民钻木取火，见于《韩非子》的《五蠹篇》。稍后则为伏羲、神农。伏羲氏始画八卦，作结绳而为网罟，以佃以渔；神农氏斫木为耜，揉木为耒；日中为市，见于《易经》的《系辞传》。有巢、燧人、神农都是德号，显而易见。伏羲氏，《易传》作包牺氏，包伏一声之转。据《风俗通》引《含文嘉》，是"下伏而化之"之意，羲化亦是一声。他是始画八卦的，大约在宗教上很有权威，其为德号，亦无疑义。这些都不过代表社会进化的一个阶段，究有其人与否，殊不可知。但各部族的进化，不会同时，某一个部族，对于某一种文化，特别进步得早，是可能有的。如此，我们虽不能说在古代确有发明巢居、取火、佃渔、耕稼的帝王，却不能否认对于这些事业，有一个先进的部族。既然有这部族，其时地就该设法推考了。伏羲古称为太昊氏，风姓，据《左氏》僖公二十一年所载，任、宿、须句、颛臾四国，是其后裔。任在今山东的济宁县，宿和须句，都在东平县，颛臾在费县。神农，《礼记·月令》《疏》引《春秋说》，称为大庭氏。《左氏》昭公十八年，鲁有大庭氏之库。鲁国的都城，即今山东曲阜县（《帝王世纪》说伏羲都陈，乃因左氏有"陈太昊之墟"之语而附会，不足信，见下文。又说神农氏都陈徙鲁，则因其承伏羲之后而附会的）。然则伏羲、神农，都在今山东东南部，和第一章所推测的汉族古代的根据地，是颇为相合的了。

神农亦称"炎帝"，炎帝之后为黄帝，炎、黄之际，是有一次战事可以考见的，古史的情形，就更较明白了。《史记·五帝本纪》说："神农氏世衰，诸侯相侵伐，弗能征，而蚩尤氏最为暴。""黄帝乃征师诸侯，与蚩尤战于涿鹿之野，遂擒杀蚩尤。"又说："炎帝欲侵陵诸侯，诸侯咸归轩辕。"（《史记·五帝本纪》说黄帝名轩辕，他书亦有称为轩辕氏的。案：古书所谓名，兼包一切称谓，不限于名字之名）轩辕"与炎帝战于阪泉之野，三战然后得其志"。其说有些矛盾。《史记》的《五帝本纪》，和《大戴礼记》的《五帝德》，是大同小异的，《大戴礼记》此处，却只有和炎帝战于阪泉，而并没有和蚩尤战于涿鹿之事。神农、蚩尤，都是姜姓。《周书·史记篇》说"阪泉氏徙居独鹿"，独鹿之即涿鹿，亦显而易见。然则蚩尤、炎帝，即是一人，涿鹿、阪泉，亦系一地。《太平御览·州郡部》引《帝王世纪》转引《世本》，说涿鹿在彭城南，彭城是今江苏的铜山县（服虔谓涿鹿为汉之涿郡，即今河北涿县。皇甫谧、张晏谓在上谷，则因汉上谷郡有涿鹿县而云然，皆据后世地名附会，不足信。汉涿鹿县，即今察哈尔涿鹿县）。《世本》是古书，是较可信据的，然则汉族是时的发展，仍和鲁东南不远了。黄帝之后是颛顼，颛顼之后是帝喾，这是五帝说的旧次序。后人于其间增一少昊，这是要改五德终始之说相胜的次序为相生，又要顾全汉朝是火德而云然，无足深论。但是有传于后，而被后人认为共主的部族，在古代总是较强大的，其事迹仍旧值得考据，则无疑义。《史记·周本纪》《正义》引《帝王世纪》说：炎帝、黄帝、少昊都是都于曲阜的，而黄帝自穷桑登帝位，少昊氏邑于穷桑，颛顼则始都穷桑，后徙帝丘。他说"穷桑在鲁北，或云穷桑即曲阜也"。《帝王世纪》，向来认为不足信之书，但只是病其牵合附会，其中的材料，还是出于古书的，只要不轻信其结论，其材料仍可采用。《左氏》定公四年说伯禽封于少昊之墟，昭公二十年说"少昊氏有四叔，世不失职，遂济穷桑"，则穷桑近鲁，少昊氏都于鲁之说，都非无据。帝丘地在今河北濮阳县，为后来卫国的都城。颛顼徙帝丘之说，乃因《左氏》昭公十七年"卫颛顼之虚"而附会，然《左氏》此说，与"陈大昊之墟""宋大辰之虚""郑祝融之虚"并举，大辰，无论如何，不能说为人名或国名（近人或谓即《后汉书》朝鲜半岛的辰国，证据未免太乏），则太昊、祝融、颛顼，亦系天神，颛顼徙都帝丘之说，根本不足信了。《史记·五帝本纪》说："黄帝正妃嫘祖生二子，其后皆有天下。其一曰玄嚣，是为青阳，青阳降居江水。"此即后人指为少昊的。"其二曰昌意，降居若水，生高阳。"高阳即帝颛顼。后人以今之金沙江释此文的江水，鸦龙江释此文的若水，此乃大误。古代南方之水皆称江。《史记·殷本纪》引《汤诰》说："东为江，北为济，西为河，南为淮，四渎既修，万民乃有居。"其所说的江，即明明不是长江（淮、泗、汝皆不入江，而《孟子·滕文公上篇》禹"决汝、汉，排淮、泗，而注之江"，亦由于此）。《吕览·古乐篇》说："帝颛顼生自若水，实处空桑，乃登为帝。"可见若水实与空桑相近。《山海经·海内经》说："南海之内，黑水、青水之间，有木焉，名曰若木，若水出焉。"《说文》"桑"字作"𣕔"，若水之若，实当作"𣕚"，仍系"桑"字，特加"凵"以象根形，后人认为若字实误。《楚辞》的"若木"，亦当作"桑木"，即神话中的扶桑，在日出之地（此据王筠说，见《说文释例》）。然则颛顼、帝喾，踪迹仍在东方了。

继颛顼之后的是尧，继尧之后的是舜，继舜之后的是禹。尧、舜、禹的相继，据儒家的传说，是纯出于公心的，即所谓"禅让"，亦谓之"官天下"。但《庄子·盗跖篇》有尧杀长子之说，《吕览·去私》《求人》两篇，都说尧有十子，而《孟子·万章上篇》和《淮南子·泰族训》，都说尧只有九子，很像尧的大子是被杀的（俞正燮即因此疑之，见所著《癸巳类稿·羃证》）。后来《竹书纪年》

又有舜囚尧，并偃塞丹朱，使不与尧相见之说。刘知几因之作《疑古篇》，把尧、舜、禹的相继，看作和后世的篡夺一样。其实都不是真相。古代君位与王位不同，尧、舜、禹的相继，乃王位而非君位，这正和蒙古自成吉思汗以后的汗位一样。成吉思汗以后的大汗，也还是出于公举的（详见第二十四章）。前一个王老了，要指定一人替代，正可见得此时各部族之间，已有较密切的关系，所以共主之位，不容空缺。自夏以后，变为父子相传，古人谓之"家天下"，又可见得被举为王的一个部族，渐次强盛，可以久居王位了。

尧、舜、禹之间，似乎还有一件大事，那便是汉族的开始西迁。古书中屡次说颛顼、帝喾、尧、舜、禹和共工、三苗的争斗（《淮南子·天文训》《兵略训》，都说共工与颛顼争，《原道训》说共工与帝喾争。《周书·史记篇》说共工亡于唐氏。《书经·尧典》说舜流共工于幽州。《荀子·议兵篇》说禹伐共工。《书经·尧典》又说舜迁三苗于三危。《甫刑》说："皇帝遏绝苗民，无世在下。"皇帝，《疏》引郑《注》以为颛顼，与《国语·楚语》相合。而《战国·魏策》，《墨子》的《兼爱》《非攻》，《韩非子》的《五蠹》，亦均载禹征三苗之事）。共工、三苗，都是姜姓之国，似乎姬、姜之争，历世不绝，而结果是姬姓胜利的。我的看法，却不是如此。《国语·周语》说："共工欲壅防百川，堕高堙卑，鲧称遂共工之过，禹乃高高下下，疏川导滞。"似乎共工和鲧，治水都是失败的，至禹乃一变其法。

然《礼记·祭法篇》说"共工氏之霸九州也，其子曰后土，能平九州"，则共工氏治水之功，实与禹不相上下。后人说禹治水的功绩，和唐、虞、夏间的疆域，大抵根据《书经》中的《禹贡》，其实此篇所载，必非禹时实事。《书经》的《皋陶谟》载禹自述治水之功道："予决九川，距四海，浚畎浍距川。"九川特极言其多。四海的海字，乃晦暗之义。古代交通不便，又各部族之间，多互相敌视，本部族以外的情形，就茫昧不明，所以夷、蛮、戎、狄，谓之"四海"（见《尔雅·释地》，中国西北两面均无海，而古称四海者以此）。"州""洲"本系一字，亦即今之"岛"字。《说文》川部："州，水中可居者。昔尧遭洪水，民居水中高土，故曰九州。"此系唐、虞、夏间九州的真相，决非如《禹贡》所述，跨今黄河、长江两流域。同一时代的人，知识大抵相类，禹的治水，能否一变共工及鲧之法，实在是一个疑问。埋塞和疏导之法，在一个小区域之内，大约共工、鲧、禹，都不免要并用的。但区域既小，无论埋塞，即疏导，亦决不能挽回水灾的大势，所以我疑心共工、鲧、禹，虽然相继施功，实未能把水患解决，到禹的时代，汉族的一支，便开始西迁了。尧的都城，《汉书·地理志》说在晋阳，即今山西的太原县。郑玄《诗谱》说他后迁平阳，在今山西的临汾县。《帝王世纪》说舜都蒲阪，在今山西的永济县。又说禹都平阳，或于安邑，或于晋阳，安邑是今山西的夏县。这都是因后来的都邑而附会。《太平御览·州郡部》引《世本》

说尧之都后迁涿鹿；《孟子·离娄下篇》说："舜生于诸冯，迁于负夏，卒于鸣条。"这都是较古之说。涿鹿在彭城说已见前。诸冯、负夏、鸣条，皆难确考。然鸣条为后来汤放桀之处，桀当时是自西向东走的，则鸣条亦必在东方。而《周书·度邑解》说："自洛汭延于伊汭，居易无固，其有夏之居。"这虽不就是禹的都城，然自禹的儿子启以后，就不闻有和共工、三苗争斗之事，则夏朝自禹以后，逐渐西迁，似无可疑。然则自黄帝至禹，对姜姓部族争斗的胜利，怕也只是姬姓部族自己夸张之辞，不过只有姬姓部族的传说留遗下来，后人就认为事实罢了。为什么只有姬姓部族的传说留遗于后呢？其中仍有个关键。大约当时东方的水患是很烈的，而水利亦颇饶。因其水利颇饶，所以成为汉族发祥之地。因其水患很烈，所以共工、鲧、禹相继施功而无可如何。禹的西迁，大约是为避水患的。当时西边的地方，必较东边为瘠，所以非到水久治无功时，不肯迁徙。然既迁徙之后，因地瘠不能不多用人力，文明程度反而因此进步，而留居故土的部族，反落其后了。这就是自夏以后，西方的历史传者较详，而东方较为茫昧之故。然则夏代的西迁，确是古史上的一个转折，而夏朝亦确是古史上的一个界划了。

第四章
夏殷西周的事迹

夏代事迹，有传于后的，莫如太康失国、少康中兴一事。这件事，据《左氏》《周书》《墨子》《楚辞》所载（《左传》襄公四年、哀公元年，《周书·尝麦解》《墨子·非乐》《楚辞·离骚》），大略是如此的。禹的儿子启，荒于音乐和饮食。死后，他的儿子太康兄弟五人，起而作乱，是为五观。太康因此失国，人民和政权，都入于有穷后羿之手。太康传弟仲康，仲康传子相（夏朝此时失掉的是王位，并非君位，所以仍旧相传）。羿因荒于游畋，又为其臣寒浞所杀。寒浞占据了羿的妻妾，生了两个儿子：一个唤作浇，一个唤作豷。夏朝这时候，依靠他同姓之国斟灌和斟寻。寒浞使浇把他们都灭掉，又灭掉夏后相。使浇住在唤作过，豷住在唤作戈的地方。夏后相的皇后是仍国的女儿，相被灭时，正有身孕，逃归母家，生了一个儿子，是为少康。做了仍国的牧正。寒浞听得他有才干，使浇去寻找他。少康逃到虞国。虞国的国君，把两个女儿嫁给他，又把唤作纶的地方封他。有一个唤作靡的，当羿死时，逃到有鬲氏，就从有鬲氏收合斟灌、斟寻的余众，把寒浞灭掉。少康灭掉了浇，少康的儿子杼又灭掉了豷。穷国就此灭亡。这件事，虽然带些神话和传说的性质，然其匡廓尚算明白，颇可据以推求夏代的情形。旧说的释地，是全不足据的。《左氏》说"后羿自鉏迁于穷石"，又说羿"因夏民以代夏政"，则穷石即非夏朝的都城，亦必和夏朝的都城相近。《路史》说安丰有穷谷、穷水，就是穷国所在，其地在今安徽霍邱县。《汉书·地理志》《注》引应劭说：有穷是偃姓之国，皋陶之后。据《史记·五帝本纪》，皋陶之后，都是封在安徽六安一带的。过不可考。戈，据《左氏》，地在宋、郑之间（见《左传》哀公十二年）。《春秋》桓公五年，天王使仍叔之子来聘，仍，《穀梁》作任，地在今山东的济宁县。虞国当系虞舜之后，旧说在今河南的虞城县。《周书》称太康兄弟五人为"殷之五子"。又说："皇天哀禹，赐以彭寿，思正夏略。"殷似即后来的亳殷，在今河南的偃师县（即下文所引《春秋繁露》说汤作官邑于下洛之阳的。"官""宫"两字古通用，做官邑就是造房屋和城郭。商朝的都城所在，都称为亳，此地大约本名殷，商朝因此又称"殷朝"）。彭寿该是立国于彭城的。案：《世本》说禹都阳城，地在今河南的登封县，西迁未必能如此之速。综观自太康至少康之事，似乎夏朝的根据地，本在安徽西部，而逐渐迁徙到河南去，入于上章所引《周书》所说的"自洛汭延于伊汭"这一个区城的。都阳城该是夏朝后代的事，而不是禹时的事。从六安到霍邱，地势比较高一些，从苏北鲁南避水患而迁于此，又因战争的激荡而西北走向河南，似乎于情事还合。

但在这时候，东方的势力，亦还不弱，所以后来夏朝卒亡于商。商朝的始祖名契，封于商。郑玄说地在大华之阳，即今陕西的商县，未免太远。《史记·殷本纪》说："自契至于成汤八迁。"《世本》说契居蕃，契的儿子昭明居砥石，昭明的儿子相土居商丘，扬雄《兖州牧箴》说"成汤五徙，卒归于亳"，合之恰得八数。蕃当即汉朝的蕃县，为今山东的滕县。商丘，当即后来宋国的都城，为今河南的商邱县。五迁地难悉考。据《吕览·慎大》《具备》两篇，则汤尝居郼，"郼"即"韦"，为今河南的滑县。《春秋繁露·三代改制质文篇》说"汤受命而王，作官邑于下洛之阳"，此当即亳殷之地。《诗·商颂》说："韦、顾既伐，昆吾、夏桀。"顾在今山东的范县。昆吾，据《左氏》昭公十二年《传》楚灵王说"昔我皇祖伯父昆吾，旧许是宅"，该在今河南的许昌县，而哀公十七年，又说卫国有昆吾之观，卫国这时候，在今河北的濮阳县，则昆吾似自河北迁于河南。《史记·殷本纪》说："汤自把钺以伐昆吾，遂伐桀。""桀败于有娀之虚，桀奔于鸣条。"《左氏》昭公四年"夏桀为仍之会，有缗叛之"，《韩非子·十过篇》亦有这话，"仍"作"娀"，则有娀，即有仍。鸣条为舜卒处，已见上章。合观诸说，商朝似乎兴于今鲁、豫之间，汤先平定了河南的北境，然后向南攻桀，桀败后是反向东南逃走的。观桀之不向西走而向东逃，可见此时伊、洛以西之地，还未开辟。

据《史记》的《夏本纪》《殷本纪》，夏朝传国共十七代，商朝则三十代。商朝的世数所以多于夏，大约是因其兼行兄终弟及之制而然。后来的鲁国，自庄公以前，都是一生一及，吴国亦有兄终弟及之法，这亦足以证明商朝的起于东方。商朝的事迹，较夏朝传者略多。据《史记》：成汤以后，第四代大甲，第九代大戊，第十三代祖乙，第十九代盘庚，第二十二代武丁，都是贤君，而武丁之时，尤其强盛。商朝的都城，是屡次迁徙的。第十代仲丁迁于隞，地在今河南荥泽县（隞，《书序》作"嚣"，《书序》不一定可信，所以今从《史记》。隞的所在，亦有异说。但古书皆东周至汉的人所述，尤其大多数是汉朝人写下来的，所以用的大抵多是当时的地名，所以古书的释地，和东周、秦汉时地名相近的，必较可信。如"隞"即"敖"，今之荥泽县，为秦汉间敖仓所在，以此释仲丁所迁之隞，确实性就较大些。这是治古史的通例，不能一一具说，特于此发其凡）。第十二代河亶甲居相，在今河南内黄县。第十三代祖乙迁于邢，在今河北邢台县。到盘庚才迁回成汤的旧居亳殷。第二十七代武乙，复去亳居河北。今河南安阳县北的小屯村，即发现龟甲兽骨之处，据史学家所考证，其地即《史记·项羽本纪》所谓"殷墟"，不知是否武乙时所都。至其第三十代即最后一个君主纣，则居于朝歌，在今河南淇县。综观商朝历代的都邑，都在今河南省里的黄河两岸，还是汤居郼，营下洛之阳的旧观。周朝的势力，却更深入西北部了。

周朝的始祖名弃，是舜之时居稷官的，封于邰。历若干代，至不窋，失官，奔于戎狄之间。再传至公刘，居豳，仍从事于农业。又十传至古公亶父，复为狄所逼，徙岐山下。邰，旧说是今陕西的武功县。豳是今陕西的邠县，岐是今陕西的岐山县。近人钱穆说，《左氏》昭公元年说金天氏之裔子台骀封于汾川，《周书·度邑篇》说武王升汾之阜以望商邑，"汾"即"邠"，邰则因台骀之封而得名，都在今山西境内。亶父逾梁山而至岐，梁山在今陕西韩城县，岐山亦当距梁山不远（见所著《周初地理考》）。据他这说法，则后来文王居丰，武王居镐，在今陕西鄠县界内的，不是东下，乃是西上了。河、汾下流和渭水流域，地味最为肥沃，周朝是农业部族，自此向西拓展，和事势是很合的。古公亶父亦称太王，周至其时始强盛。传幼子季历以及文王，《论语》说他"三分天下有其二"（见《泰伯下篇》）。文王之子武王，遂灭纣。文王时曾打破耆国，而殷人振恐，武王则渡孟津而与纣战，耆国，在今山西的黎城县，自此向朝歌，乃今出天井关南下的隘道，孟津在今河南孟县南，武王大约是出今潼关到此的，这又可以看出周初自西向东发展的方向。然武王虽胜纣，并未能把商朝灭掉，仍以纣地封其子武庚，而使其弟管叔、蔡叔监之。武王崩，子成王幼，武王弟周公摄政，管、蔡和武庚都叛。据《周书·作雒解》，是时叛者，又有徐、奄及熊、盈。"徐"即后来的徐国，地在泗水流域，"奄"即后来的鲁国，"熊"为楚国的氏族，"盈"即"嬴"，乃秦国的姓。可见东方诸侯，此时皆服商而不服周。然周朝此时，颇有新兴之气。周公自己东征，平定了武庚和管叔、蔡叔，灭掉奄国。又使其子伯禽平定了淮夷、徐戎。于是封周公于鲁，使伯禽就国，又封太公望于齐，又经营今洛阳之地为东都，东方的旧势力，就给西方的新势力压服了。周公平定东方之后，据说就制礼作乐，摄政共七年，而归政于成王。周公死后，据说又有所谓"雷风之变"。这件事情，见于《书经》的《金縢篇》。据旧说：武王病时，周公曾请以身代，把祝策藏在金縢之匮中。周公死，成王葬以人臣之礼。天大雷雨，又刮起大风，田禾都倒了，大木也拔了出来。成王大惧，开金縢之匮，才知道周公请代武王之事，乃改用王礼葬周公，这一场灾异，才告平息。据郑玄的说法，则武王死后三年，成王服满了，才称自己年纪小，求周公摄政。摄政之后，管叔、蔡叔散布谣言，说周公要不利于成王，周公乃避居东都。成王尽执周公的属党。遇见了雷风之变，才把周公请回来。周公乃重行摄政。此说颇不合情理，然亦不会全属子虚。《左氏》昭公七年，昭公要到楚国去，梦见襄公和他送行。子服惠伯说："先君未尝适楚，故周公祖以道之，襄公适楚矣，而祖以道君。"据此，周公曾到过楚国，而《史记·蒙恬列传》，亦有周公奔楚之说，我颇疑心周公奔楚及其属党被执，乃是归政后之事。后来不知如何，又回到周朝。周公是否是善终，亦颇有可疑，杀害了一个人，因迷信的关系，又去求媚于其鬼魂，这是野蛮时代常有的事，不足为怪。如此，则两说可通为一。楚国封于丹阳，其地实在丹、淅两水的会口（宋翔凤说，见《过庭录·楚鬻熊居丹阳武王徙郢考》），正当自武关东南出之路，据周公奔楚一事，我们又可见得周初发展的一条路线了。

　　成王和他的儿子康王之时，称为西周的盛世。康王的儿子昭王，"南巡守不返，卒于江上"（《史记·周本纪》文）。这一个"江"字，也是南方之水的通称。其实昭王是伐楚而败，淹死在汉水里的，所以后来齐桓公伐楚，还把这件事情去诘问楚国（见《左传》僖公四年）。周朝对外的威力，开始受挫了。昭王子穆王，西征犬戎。其时徐偃王强，《后汉书·东夷传》谓其"率九夷以伐宗周，西至河上"。《后书》此语，未知何据（《博物志》亦载徐偃王之事，但《后汉书》所据，并不就是《博物志》，该是同据某一种古说的）。《礼记·檀弓下篇》载徐国容居的话，说"昔我先君驹王，西讨济于河"。驹王疑即偃王，则《后书》之说亦非全属子虚，被压服的东方，又想恢复其旧势了。然穆王使楚伐徐，偃王走死，则仍为西方所压服。穆王是周朝的雄主，在位颇久，当其时，周朝的声势，是颇振起的，穆王死后，就无此盛况了。穆王五传至厉王，因暴虐，为国人所逐，居外十四年。周朝的卿士周公、召公当国行政，谓之"共和"。厉王死于外，才立其子宣王。宣王号称中兴，然其在位之三十九年，与姜氏之戎战于千亩，为其所败。千亩在今山西的介休县，则周朝对于隔河的地方，业经控制不住，西方戎狄的势力，也渐次抬头了。至于幽王，遂为犬戎和南阳地方的申国所灭。幽王灭亡的事情，《史记》所载的，恢诡有类平话，决不是真相。《左氏》昭公二十六年，载周朝的王子朝告诸侯的话，说这时候"携王干命，诸侯替之，而建王嗣，用迁郏鄏（即东都之地，见《左传》宣公三年）"。则幽王死后，西畿之地，还有一个携王。周朝当时，似乎是有内忧兼有外患的。携王为诸侯所废，周朝对于西畿之地，就不能控制了。而且介休败了，出武关向丹、淅的路，又已不通，只有对于东畿，还保存着相当的势力。平王于是迁居洛阳，号称"东周"，其事在公元前七七〇年。

第五章
春秋战国的竞争和秦国的统一

文化是从一个中心点，逐渐向各方面发展的。西周以前所传的，只有后世认为共主之国一个国家的历史，其余各方面的情形，都很茫昧。固然，书阙有间，不能因我们之无所见而断言其无有，然果有文化十分发达的地方，其事实也决不会全然失传的，于此，就可见得当时的文明，还是限于一个小区域之内了。东周以后则不然，斯时所传者，以各强国和文化较发达的地方的事迹为多，所谓天子之国，反若在无足重轻之列。原来古代所谓中原之地，不过自泰岱以西，华岳以东，太行以南，淮、汉以北，为今河南、山东的大部分，河北、山西的小部分。渭水流域的开发，怕还是西周兴起以来数百年间之事。到春秋时代，情形就大不然了。当时号称大国的，有晋、楚、齐、秦，其兴起较晚的，则有吴、越，乃在今山西的西南境，山东的东北境，陕西的中部，甘肃的东部，及江苏、浙江、安徽之境。在向来所称为中原之地的鲁、卫、宋、郑、陈、蔡、曹、许等，反夷为二三等国了。这实在是一个惊人的文化扩张。其原因何在呢？居于边地之国，因为和异族接近，以竞争磨砺而强，而其疆域亦易于拓展，该是其中最主要的。

"周之东迁，晋、郑焉依。"（见《左传》隐公六年）即此便可见得当时王室的衰弱。古代大国的疆域，大约方百里，至春秋时则夷为三等国，其次等国大约方五百里，一等国则必方千里以上。当西周之世，合东西两畿之地，优足当春秋时的一个大国而有余，东迁以后，西畿既不能恢复，东畿地方，又颇受列国的剥削，周朝自然要夷于鲁、卫了。古语说"天无二日，民无二王"，这只是当时的一个希望。事实上，所谓王者，亦不过限于一区域之内，并不是普天之下，都服从他的。当春秋时，大约吴、楚等国称雄的区域，原不在周朝所管辖的范围内，所以各自称王。周天子所管辖的区域，因强国不止一个，没有一国能尽数慑服各国，所以不敢称王，只得以诸侯之长，即所谓霸主自居。所以春秋时代，大局的变迁，系于几个霸国手里。春秋之世，首起而称霸的是齐桓公。当时异民族杂居内地的颇多，也有相当强盛的，同族中的小国，颇受其压迫。（一）本来古代列国之间，多有同姓或婚姻的关系。（二）其不然的，则大国受了小国的朝贡，亦有加以保护的义务。（三）到这时候，文化相同之国，被文化不同之国所压迫，而互相救援，那更有些甫在萌芽的微茫的民族主义在内了。所以攘夷狄一举，颇为当时之人所称道。在这一点上，齐桓公的功绩是颇大的。他曾却狄以存邢、卫，又尝伐山戎以救燕（这个燕该是南燕，在今河南的封邱县。《史记》说它就是战国时的北燕，在今河北蓟县，怕是弄错了的，因为春秋时单称为"燕"的，都是南燕。即北燕的初封，我疑其亦距封邱不远，后来才迁徙到今蓟县，但其事无可考）。而他对于列国，征伐所至亦颇广。曾南伐楚，西向干涉晋国内乱，晚年又曾经略东夷。古人说"五霸桓公为盛"，信非虚语了。齐桓公的在位，系自前六八五至前六四三年。桓公死后，齐国内乱，霸业遂衰。宋襄公欲继之称霸。然宋国较小，实力不足，前六三八年，为楚人所败，襄公受伤而死，北方遂无霸主。前六三二年，晋文公败楚于城濮（今山东濮县），楚国的声势才一挫。此时的秦国，亦已尽取西周旧地，东境至河，为西方一强国，然尚未能干涉中原之事。秦穆公初和晋国竞争不胜，前六二四年，打败了晋国的兵，亦仅称霸于西戎。中原之地，遂成为晋、楚争霸之局。前五九七年，楚庄王败晋于邲（今河南郑县），称霸，前五九一年卒。此时齐顷公亦图与晋争霸。前五八九年，为晋所败。前五七五年，晋厉公又败楚于鄢陵（今河南鄢县）。然楚仍与晋兵争不息。至前五六一年，楚国放弃争郑，晋悼公才称复霸。前五四六年，宋大夫向戌，善于晋、楚的执政，出而合二国之成，为弭兵之会，晋、楚的兵争，至此才告休息。自城濮之战至此，凡八十七年。弭兵盟后，楚灵王强盛，北方诸侯多奔走往与其朝会。然灵王奢侈而好兵争，不顾民力，旋因内乱被弑。此时吴国日渐强盛，而楚国政治腐败，前五〇六年，楚国的都城，为吴阖闾所破，楚昭王藉秦援，仅得复国，楚国一时陷于不振，然越国亦渐强，起而乘吴之后。前四九六年，阖闾伐越，受伤而死。前四九四年，阖闾子夫差破越。夫差自此骄侈，北伐齐、鲁，与晋争长于黄池（今河南封邱县）。前四七三年，越勾践灭吴，越遂徙都琅邪，与齐、晋会于徐州（今山东诸城县），称为霸王。然根基因此不固，至前三三三年而为楚所灭。

此时已入于战国之世了（春秋时代，始于周平王四十九年，即鲁隐公元年，为公元前七二二年，终于前四八一年，共二百四十二年。其明年为战国之始，算至前二二二年秦灭六国的前一年为止，共二百五十九年）。春秋之世，诸侯只想争霸，即争得二三等国的服从，一等国之间，直接的兵争较少，有之亦不过疆场细故，不甚剧烈。至战国时，则（一）北方诸侯，亦不复将周天子放在眼里，而先后称王。（二）二三等国，已全然无足重轻，日益削弱，而终至于夷灭，诸一等国间，遂无复缓冲之国。（三）而其土地又日广，人民又日多，兵甲亦益盛，战争遂更烈。始而要凌驾于诸王之上而称帝，再进一步，就要径图并吞，实现统一的欲望了。春秋时的一等国，有发展过速，而其内部的组织，还不甚完密的，至战国时，则臣强于君的，如齐国的田氏，竟废其君而代之；势成分裂的，如晋之赵、韩、魏三家，则索性分晋而独立。看似力分而弱，实则其力量反更充实了。边方诸国，发展的趋势，依旧进行不已，其成功较晚的为北燕。天下遂分为燕、齐、赵、韩、魏、秦、楚七国。六国都为秦所并，读史的人，往往以为一入战国，而秦即最强，这是错误了的。秦国之强，起于献公而成于孝公，献公之立，在公元前三八五年，是入战国后的九十六年，孝公之立，在公元前三六一年，是入战国后的一百二十年了。先是魏文侯任用吴起等贤臣，侵夺秦国河西之地。后来楚悼王用吴起，南平百越，北并陈、蔡，却三晋，西伐秦，亦称雄于一时。楚悼王死于公元前三八一年，恰是入战国后的一百年，于是楚衰而魏惠王起，曾攻拔赵国的邯郸（今河北邯郸县）。后又伐赵，为齐救兵所败，秦人乘机恢复河西，魏遂弃安邑，徙都大梁（今河南开封县）。秦人渡蒲津东出的路，就开通了。然前三四二年，魏为逢泽之会（在开封）。《战国·秦策》称其"乘夏车，称夏王（此"夏"字该是"大"字的意思），朝天子，天下皆从"，则仍处于霸主的地位。其明年，又为齐所败。于是魏衰而齐代起，宣王、湣王两代，俨然称霸东方，而湣王之时为尤盛。相传苏秦约六国，合纵以摈秦，即在湣王之时。战国七雄，韩、魏地都较小，又逼近秦，故其势遂紧急，燕、赵则较偏僻，国势最盛的，自然是齐、秦、楚三国。楚袭春秋以来的声势，其地位又处于中部，似乎声光更在齐、秦之上，所以此时，齐、秦二国似乎是合力以谋楚的。《战国策》说张仪替秦国去骗楚怀王：肯绝齐，则送他商於的地方六百里（即今商县之地）。楚怀王听了他，张仪却悔约，说所送的地方，只有六里。怀王大怒，兴兵伐秦。两次大败，失去汉中。后来秦国又去诱他讲和，前二九九年，怀王去和秦昭王相会，遂为秦人所诱执。这种类乎平话的传说，是全不足信的，事实上，该是齐、秦合力以谋楚。然而楚怀王入秦的明年，齐人即合韩、魏以伐秦，败其兵于函谷（在今河南灵宝县西南，此为自河南入陕西的隘道的东口，今之潼关为其西口）。前二九六年，怀王死于秦，齐又合诸侯以攻秦；则齐湣王似是合秦以谋楚，又以此为秦国之罪而伐之的，其手段亦可谓狡黠了。先是前三一四年，齐乘燕内乱攻破燕。宋王偃称强东方，前二八六年，又为齐、楚、魏所灭。此举名为三国瓜分，实亦是以齐为主的，地亦多入于齐。齐湣王至此时，可谓臻于极盛。然过刚者必折。前二八四年，燕昭王遂合诸侯，用乐毅为将，攻破齐国，湣王走死，齐仅存聊、莒、即墨三城（聊，今山东聊城县。莒，今山东莒县。即墨，今山东平度县）。后来虽借田单之力，得以复国，然已失其称霸东方的资格了。东方诸国中，赵武灵王颇有才略。他不与中原诸国争衡，而专心向边地开拓。先灭中山（今河北定县），又向今大同一带发展，意欲自此经河套之地去袭秦。前二九五年，又因内乱而死。七国遂唯秦独强。秦人遂对诸侯施其猛烈的攻击。前二七九年，秦白起伐楚，取鄢、邓、西陵。明年，遂破楚都郢，楚东北徙都陈，后又迁居寿春（鄢，即鄢陵。邓，今河南邓县。西陵，今湖北宜昌县。郢，今湖北江陵县。吴阖庐所入之郢，尚不在江陵，但其地不可考，至此时之郢，则必在江陵，今人钱穆、童书业说皆如此），直逃到今安徽境内了。对于韩、魏，亦时加攻击。前二六〇年，秦兵伐韩，取野王，上党路绝，降赵，秦大败赵兵于长平，坑降卒四十万（野王，今河南沁阳县。上党，今山西晋城县。长平，今山西长平县），遂取上党，北定太原。进围邯郸，为魏公子无忌合诸国之兵所败。前二五六年，周朝的末主赧王为秦所灭。前二四九年，又灭其所分封的东周君。前二四六年，秦始皇立。《史记·秦本纪》说，这时候，吕不韦为相国，招致宾客游士，欲以并天下。大概并吞之计，和吕不韦是很有关系的。后来吕不韦虽废死于蜀，然秦人仍守其政策不变。前二三〇年，灭韩。前二二八年，灭赵。燕太子丹使荆轲刺秦王，不中，秦大发兵以攻燕。前二二六年，燕王喜奔辽东。前二二五年，秦人灭魏。前二二三年，灭楚。前二二二年，发兵攻辽东，灭燕。前二二一年，即以灭燕之兵南灭齐，而天下遂统一。

秦朝的统一，决不全是兵力的关系。我们须注意：此时交通的便利，列国内部的发达，小国的被夷灭，郡县的渐次设立，在政治上、经济上、文化上，本有趋于统一之势，而秦人特收其成功。秦人之所以能收成功之利，则（一）他地处西陲，开化较晚，风气较为诚朴。（二）三晋地狭人稠，秦地广人稀，秦人因招致三晋之民，使之任耕，而使自己之民任战。（三）又能奉行法家的政策，裁抑贵族的势力，使能尽力于农战的人民，有一个邀赏的机会，该是其最重要的原因。

第六章

古代社会的综述

周和秦，是从前读史的人看作古今的界线的。我们任意翻阅旧书，总可见到"三代以上""秦、汉以下"等词句。从前人的见解，固然不甚确实，也不会全属虚诬；而且既有这个见解，也总有一个来历。然则所谓"三代以上"，到底是怎样一个世界呢？

人，总是要维持其生命的；不但要维持生命，还要追求幸福，以扩大其生命的意义；这是人类的本性如此，无可怀疑。人类在生物史上，其互相团结，以谋生存，已不知其若干年了。所以其相亲相爱，看得他人的苦乐，和自己的苦乐一般；喜欢受到同类的嘉奖，而不愿意受到其批评；到人己利害不兼容时，宁可牺牲自己，以保全他人；即古人之所谓仁心者，和其爱自己的心，一样的深刻。专指七尺之躯为"我"，或者专指一个极小的团体为"我"，实在是没有这回事的。人类为要维持生命，追求幸福，必得和自然斗争。和自然斗争，一个人的力量，自然是不够的，于是乎要合力；合力之道，必须分工，这都是自然的趋势。分工合力，自然是范围愈大，利益愈多，所以团体的范围，总是在日扩而大。但是人类的能力是有限的，在进行中，却不能不形成敌对的状态，这是为什么呢？皇古之世，因环境的限制，把人类分作许多小团体。在一个团体之中，个个人的利害，都是相同的，在团体以外却不然；又因物质的欲求，不能够都给足；团体和团体间就开始有争斗，有争斗就有胜败，有胜败就有征服者和被征服者之分。"人不可以害人的，害人的必自害。"这句话，看似迂腐，其实却是真理。你把迷信者流因果报应之说去解释这句话，自然是诬罔的，若肯博观事实，而平心推求其因果，那正见得其丝毫不爽。对内竞争和对外竞争，虽竞争的对象不同，其为竞争则一。既然把对物的争斗，移而用之于对人，自可将对外的争斗，移而用之于对内。一个团体之中，有征服者和被征服者之分，不必说了。即使无之，而当其争斗之时，基于分工的关系，自然有一部分人，专以战争为事，这一部分人，自将处于特殊的地位。前此团体之中，个个人利害相同的，至此则形成对立。前此公众的事情，是由公众决定的，至此，则当权的一个人或少数人，渐渐不容公众过问，渐渐要做违背公众利益的措置，公众自然不服，乃不得不用强力镇压，或者用手段对付。于是团体之中，有了阶级，而形成现代的所谓国家。以上所述，是从政治上立论的。其变迁的根源，实由于团体和团体的互相争斗，而团体和团体的互相争斗，则由于有些团体，迫于环境，以掠夺为生产的手段。所以其真正的根源，还是在于经济上。经济的根柢是生产方法。在古代，主要的生业是农业，农业的生产方法，是由粗而趋于精，亦即由合而趋于分的，于是形成了井田制度，因而固定了五口、八口的小家族，使一个团体之中，再分为无数利害对立的小团体。从前在一个团体之内利害即不再对立的氏族制度，因此而趋于崩溃了。氏族既已崩溃，则专门从事于制造，而以服务性质，无条件供给大众使用的工业制度，亦随之而崩溃。人，本来是非分工合力不能生存的，至此时，因生活程度的增高，其不能不互相倚赖愈甚，分配之法既废，交易之法乃起而代之，本行于团体与团体之间的商业，乃一变而行于团体之内人与人之间，使人人的利害，都处于对立的地位。于是乎人心大变。在从前，团体与团体之间，是互相嫉视的，在一个团体之内，是互视为一体的。至此时，团体之内，其互相嫉视日深。在团体与团体之间，却因生活的互相倚赖而往来日密，其互相了解的程度，即随之而日深，同情心亦即随之而扩大。又因其彼此互相仿效，以及受了外部的影响，而内部的组织，不得不随之而起变化，各地方的风俗亦日趋于统一。民族的同化作用，即缘此而进行。政治上的统一，不过是顺着这种趋势推进。再彻底些说，政治上的统一，只是在当时情况之下完成统一的一个方法，并不是政治的本身真有多大的力量。随着世运的进展，并田制度破坏了。连公用的山泽，亦为私人所占。工商业愈活跃，其剥削消费者愈深。在上的君主和贵族，亦因其日趋于腐败、奢侈，而其剥削人民愈甚。习久于战争就养成一种特别阶级，视战斗为壮快、征服为荣誉的心理，认为与其出汗，毋宁出血。此即孔子和其余的先秦诸子所身逢的乱世。追想前一个时期，列国之间，战争还不十分剧烈。一国之内，虽然已有阶级的对立，然前此利害共同时的旧组织，还有存留，而未至于破坏净尽。秩序还不算十分恶劣，人生其间的，也还不至于十分痛苦，好像带病延年的人，虽不能算健康，还可算一个准健康体，此即孔子所谓"小康"。再前一个时期，内部毫无矛盾，对外毫无竞争，则即所谓"大同"了。在大同之世，物质上的享受，或者远不如后来，然而人类最亲切的苦乐，其实不在于物质，而在于人与人间的关系，所以大同时代的境界，永存于人类记忆之中。不但孔子，即先秦诸子，亦无不如此（道家无论已，即最切实际的法家亦然。如《管子》亦将皇、帝、王、霸分别治法的高下；《史记·商君列传》亦载商君初说秦孝公以帝王之道，秦孝公不能用，乃说之以富国强兵之术都是）。这不是少数人的理想高尚，乃是受了大多数人的暗示而然的。人类生当此际，实应把其所以致此之由，彻底地加以检讨，明白其所以然之故，然后将现社会的组织，摧毁之而加以改造。这亦非古人所没有想到，先秦诸子，如儒、墨、道、法诸家，就同抱着这个志愿的，但其所主张的改革的方法，都不甚适合。道家空存想望，并没有具体实行的方案，不必说了；墨家不讲平均分配，而专讲节制消费，也是不能行的；儒家希望恢复井田；法家希望制止大工商业的跋扈，把大事业收归官营，救济事业亦由国家办理，以制止富豪的重利盘剥，进步些了。然单讲平均地权，本不能解决社会的经济问题，兼讲节制资本，又苦于没有推行的机关。在政治上，因为民主政治废坠得久了，诸家虽都以民为重，却想不出一个使人民参与政治的办法，而只希望在上者用温情主义来抚恤人民，尊重舆论，用督责手段，以制止臣下的虐民。在国与国之间，儒家则希望有一个明王出来，能够处理列国间的纷争，而监督其内政；法家因为兴起较后，渐抱统一的思想，然秦朝的统一和贵族的被裁抑，都只是事势的迁流，并不能实行法家的理想，所以要自此再进一步，就没有办法了。在伦理上，诸家所希望的，同是使下级服从上级，臣民该服从君主，儿子要服从父亲，妇女要服从男子，少年该服从老人。他们以为上级和下级的人，各安其分，各尽其职，则天下自然太平，而不知道上级的人受不到制裁，决不会安其分而尽其职。

总而言之：小康之世，所以向乱世发展，是有其深刻的原因的。世运只能向前进，要想改革，只能顺其前进的趋势而加以指导。先秦诸子中，只有法家最看得出社会前进的趋势，然其指导亦未能全然得法。他家则都是想把世运逆挽之，使其回到小康以前的时代的，所以都不能行。

虽然如此，人类生来是避苦求乐的，身受的苦痛，是不能使人不感觉的，既然感觉了，自然要求摆脱。求摆脱，总得有个办法，而人类凭空是想不出办法来的。世运只有日新，今天之后，只会有明天，而人所知道的，最新亦只是今日以前之事，于是乎想出来的办法，总不免失之于旧，这个在今日尚然，何况古代？最好的时代是过去了，但永存于人类想望记忆之中。虽回忆之，而并不知其真相如何，乃各以其所谓最好者当之。合众人的所谓最好者，而调和折衷，造成一个大略为众所共认的偶像，此即昔人所谓"三代以前"的世界。这个三代以前的世界，其不合实际，自然是无待于言的。这似乎只是一个历史上的误解，无甚关系，然奉此开倒车的办法为偶像而思实践之，就不但不能达到希望，而且还要引起纠纷。

第七章
秦朝治天下的政策

　　秦始皇尽灭六国，事在公元前二二一年，自此至公元一八九年，董卓行废立，东方州郡，起兵讨卓，海内扰乱分裂，共四百十年，称为中国的盛世。在这一时期之中，中国的历史，情形是怎样呢？"英雄造时势"，只是一句夸大的话。事实上，英雄之所以成为英雄，正因其能顺着时势进行之故。"时势造英雄"这句话倒是真的，因为他能决定英雄的趋向。然则在这一个时期之内，时势的要求，是怎样呢？依我们所见到的，可以分为对内对外两方面：对内方面，在列国竞争之时，不能注全力于内治；即使注意到，亦只是局部的问题，而不能概括全体，只是一时的应付，而不能策划永久。统一之后，就不然了。阻碍之力既去，有志于治平的，就可以行其理想。对外方面，当时的人看中国已经是天下的一大部分了。未入版图的地方，较强悍的部落，虑其为中国之患，该有一个对策；较弱小的，虽然不足为患，然亦是平天下的一个遗憾，先知先觉的中国人，在力所能及的范围内，亦有其应尽的责任。所以在当日，我们所需要的是：（一）对内建立一个久安长治的规模。（二）对外把力所能及的地方，都收入中国版图之内，其未能的，则确立起一条防线来。

秦始皇所行的，正顺着这种趋势。

在古代，阻碍平天下最大的力量，自然是列国的纷争。所以秦并吞六国之后，决计不再行封建，"父兄有天下，而子弟为匹夫"。郡的设立，本来是军事上控扼之点。六国新灭，遗民未曾心服，自然有在各地方设立据点的必要。所以秦灭六国，多以其地设郡。至六国尽灭之后，则更合全国的情形，加以调整，分天下为三十六郡。当时的郡守，就是一个不世袭的大国之君，自亦有防其专擅的必要，所以每郡又都派一个御史去监察他（当时还每郡都设立一个尉，但其权远在郡守之下，倒是不足重视的）。

要人民不能反抗，第一步办法，自然是解除其武装。好在当时，金属铸成的兵器为数有限，正和今日的枪械一般，大略可以收尽的。于是收天下之兵，聚之咸阳，铸以为金人和钟、镰（秦都咸阳，今陕西咸阳县）。

最根本的，莫过于统一人民的心思了。原来古代社会，内部没有矛盾，在下者的意见，常和在上者一致，此即所谓"天下有道，则庶人不议"（《论语·季氏》）。后世阶级分化，内部的矛盾多了，有利于这方面的，就不利于那方面。自然人民的意见，不能统一。处置之法，最好的，是使其利害相一致；次之则当求各方面的调和，使其都有发表意见的机会，此即今日社会主义和民主政治的原理。但当时的人，不知此理。他们不知道各方面的利害冲突了，所以有不同的见解，误以为许多方面，各有其不同的主张，以致人各有心，代表全国公益的在上者的政策不能顺利进行。如此，自有统一全国人的心思的必要。所以在《管子·法禁》《韩非子·问辨》两篇中，早有焚书的主张。秦始皇及李斯就把他实行了。把关涉到社会政治问题的"诗、书、百家语"都烧掉，只留下关系技术作用的医药、卜筮、种树之书。涉及社会政治问题的，所许学的，只有当代的法令；有权教授的人，即是当时的官吏。若认为始皇、李斯此举，不合时代潮流，他们是百口无以自解的，若认为有背于古，则实在冤枉。他们所想回复的，正是古代"政教合一，官师不分"之旧。古代的情形是如此，清朝的章学诚是发挥得十分透彻的（坑儒一举，乃因有人诽谤始皇而起，意非欲尽灭儒生，并不能与焚书之事并论）。

以上是秦始皇对内的政策。至于对外，则北自阴山以南，南自五岭以南至海，秦始皇都认为应当收入版图。于是使蒙恬北逐匈奴，取河南之地（今之河套），把战国时秦、赵、燕三国北边的长城连接起来，东起现在朝鲜境内（秦长城起自乐浪郡遂城县，见《汉书·地理志》），西至现在甘肃的岷县，成立了一道新防线。南则略取现在广东、广西和越南之地，设立了桂林、南海、象三郡（大略桂林是今广西之地，南海是今广东之地，象郡是今越南之地），取今福建之地，设立了闽中郡。楚国庄蹻所开辟的地方，虽未曾正式收入版图，亦有一部分曾和秦朝交通，秦于其地置吏。

秦始皇，向来都说他是暴君，把他的好处一笔抹杀了，其实这是冤枉的。看以上所述，他的政治实在是抱有一种伟大的理想的。这亦非他一人所能为，大约是法家所定的政策，而他据以实行的。这只要看他用李斯为宰相，言听计从，焚诗书、废封建之议，都出于李斯而可知。政治是不能专凭理想，而要顾及实际的情形的，即不论实际的情形能行与否，亦还要顾到行之之手腕。秦始皇的政策虽好，行之却似过于急进。北筑长城，南收两越，除当时的征战外，还要发兵戍守；既然有兵戍守，就得运粮饷去供给；这样，人民业已不堪赋役的负担。他还沿着战国以前的旧习惯，虐民以自奉。造阿房宫，在骊山起坟茔（骊山，在今陕西临潼县），都穷极奢侈；还要到处去巡游。统一虽然是势所必至，然而人的见解，总是落后的，在当时的人，怕并不认为合理之举，甚而至于认为反常之态。况且不必论理，六国夷灭，总有一班失其地位的人，心上是不服的，满怀着报仇的愤恨和复旧的希望；加以大多数人民的困于无告而易于煽动，一有机会，就要乘机而起了。

第八章

秦汉间封建政体的反动

秦始皇帝以前二一〇年，东巡死于沙丘（今河北邢台县）。他的大儿子，名唤扶苏，先已谪罚到上郡去（今陕西绥德县），做蒙恬军队中的监军了。从前政治上的惯例，太子是不出京城，不做军队中的事务的，苟其如此，就是表示不拟立他的意思。所以秦始皇的不立扶苏，是预定了的。《史记》说秦始皇的少子胡亥，宠幸宦者赵高，始皇死后，赵高替胡亥运动李斯，假造诏书，杀掉扶苏、蒙恬而立胡亥，这话是不足信的（《史记·李斯列传》所载的全是当时的传说，并非事实，秦汉间的史实，如此者甚多）。胡亥既立，是为二世皇帝。他诛戮群公子，又杀掉蒙恬的兄弟蒙毅。最后，连劳苦功高、资格很老的李斯都被杀掉。于是秦朝的政府，失其重心，再不能钳制天下了。皇帝的家庭之中，明争暗斗，向来是很多的，而于继承之际为尤甚。这个并不起于秦朝，但在天下统一之后，皇室所管辖的地方大了，因其内部有问题而牵动大局，使人民皆受其祸，其所牵涉的范围，也就更广大了。秦始皇之死，距其尽灭六国，不过十二年，而此祸遂作。

秦始皇死的明年，戍卒陈胜、吴广起兵于蕲（今安徽宿县），北取陈，胜自立为王，号"张楚"。分兵四出徇地，郡县多杀其守令以应。六国之后，遂乘机并起。秦朝政治虽乱，兵力尚强；诸侯之兵，多是乌合之众；加以心力不齐，不肯互相救援；所以秦将章邯，倒也所向无敌。先镇压了陈胜、吴广，又打死了新立的魏王。战国时楚国的名将，即最后支持楚国而战死的项燕的儿子项梁，和其兄子项籍，起兵于吴，引兵渡江而西（今江苏之江南，古称"江东"。古所谓"江南"，指今湖南）。以居巢人范增的游说，立楚怀王的后裔于盱眙（居巢，今安徽巢县。盱眙，今安徽盱眙县），仍称为"楚怀王"（以祖谥为生号）。项梁引兵而北，兵锋颇锐，连战皆胜，后亦为章邯所袭杀。章邯以为楚地兵不足忧，乃北围赵王于巨鹿（今河北平乡县）。北强南弱，乃是东晋以后逐渐转变成功的形势。自此以前，都是北方的军队，以节制胜，南方的军队，以剽悍胜的。尤其是吴、越之士，《汉书·地理志》上，还称其"轻死好用剑"。项梁既死，楚怀王分遣项籍北救赵，起兵于沛的刘邦即汉高祖西入关（沛，今江苏沛县）。项籍大破秦兵于巨鹿。汉高祖亦自武关而入。此时二世和赵高，不知如何又翻了脸，赵高弑二世，立其兄子婴，婴又刺杀高，正当纷乱之际，汉高祖的兵已到霸上（在今陕西长安县东），子婴只得投降，秦朝就此灭亡。此事在前二○六年。

　　既称秦之灭六国为无道，斥为强虎狼，灭秦之后，自无一人专据称尊之理，自然要分封。但是分封之权，出于何人呢？读史的人，都以为是项籍。这是错了的。项籍纵使在实际上有支配之权，形式上决不能专断，况且实际上也未必能全由项籍一个人支配。项籍既破章邯之后，亦引兵西入关。汉高祖先已入关了，即遣将守关。项羽怒，把他攻破。进兵至鸿门（在今陕西临潼县），和高祖几乎开战。幸而有人居间调解，汉高祖自己去见项籍，解释了一番，战事得以未成。此时即议定了分封之事。这一件事，《史记》的《自序》称为"诸侯之相王"，可见形式上是取决于公议的。其所封的：为（一）六国之后，（二）亡秦有功之人，（三）而楚怀王则以空名尊为"义帝"，（四）实权则在称为"西楚霸王"的项籍（都彭城，当时称其地为"西楚"。江陵为"南楚"，吴为"东楚"）。这是摹仿东周以后，天子仅拥虚名，而实权在于霸主的。分封的办法，我们看《史记》所载，并不能说他不公平。汉朝人说，楚怀王遣诸将入关时，与之约：先入关者王之，所以汉高祖当王关中，项籍把他改封在巴、蜀、汉中为背约。姑无论这话的真假，即使是真的，楚怀王的命令，安能约束楚国以外的人呢？这且不必论他。前文业经说过：人的思想，总是落后的，观于秦、汉之间而益信。封建政体既已不能维持，于是分封甫定，而叛乱即起于东方。项籍因为是霸王，有征讨的责任，用兵于齐。汉高祖乘机北定关中。又出关，合诸侯之兵，攻破彭城。项籍虽然还兵把他打败，然汉高祖坚守荥阳、成皋（荥阳，今河南荥泽县。成皋，今河南汜水县），得萧何镇守关中，继续供给兵员和粮饷。遣韩信渡河，北定赵、代，东破齐。彭越又直接扰乱项籍的后方。至前二〇二年，项籍遂因兵少食尽，为汉所灭。从秦亡至此，不过五年。

事实上，天下又已趋于统一了。然而当时的人，怕不是这样看法。当楚、汉相持之时，有一策士，名唤蒯彻，曾劝韩信以三分天下之计。汉高祖最后攻击项籍时，和韩信、彭越相约合力，而信、越的兵都不至，到后来，约定把齐地尽给韩信，梁地尽给彭越，两人才都引兵而来，这不是以君的资格分封其臣，乃是以对等的资格立分地之约。所以汉高祖的灭楚，以实在情形论，与其说是汉灭楚，毋宁说是许多诸侯，亦即许多支新崛起的军队，联合以灭楚，汉高祖不过是联军中的首领罢了。楚既灭，这联军中的首领，自然有享受一个较众为尊的名号的资格，于是共尊汉高祖为皇帝。然虽有此称号，在实际上，未必含有沿袭秦朝皇帝职权的意义。做了皇帝之后，就可以任意诛灭废置诸王侯，怕是当时的人所不能想象的，这是韩信等在当时所以肯尊汉高祖为皇帝之故。不然，怕就没有这么容易了。汉初异姓之王，有楚王韩信、梁王彭越、赵王张敖、韩王信、淮南王英布、燕王臧荼、长沙王吴芮。这都是事实上先已存在，不得不封的，并非是皇帝的意思所设置。汉高祖灭楚之后，即从娄敬、张良之说，西都关中，当时的理由，是关中地势险固，且面积较大，资源丰富，易于据守及用以临制诸侯，可见他原只想做列国中最强的一国。但是事势所趋，人自然会做出不被思想所拘束的事情来。不数年间，而韩信、彭越都以汉朝的诡谋被灭。张敖以罪见废。韩王信、英布、臧荼，都以反而败。臧荼之后，立了一个卢绾，是汉高祖生平第一个亲信人，亦因被诬而亡入匈奴。到前一九五年汉高祖死时，只剩得一个地小而且偏僻的长沙国了。天下至此，才真正可以算是姓刘的天下。其成功之速，可以说和汉高祖的灭楚，同是一个奇迹。这亦并不是汉高祖所能为，不过封建政体，到这时候业已自趋于没落罢了。

以一个政府之力统治全国，秦始皇是有此魄力的，或亦可以说是有此公心，替天下废除封建，汉高祖却无有了。既猜忌异姓，就要大封同姓以自辅，于是随着异姓诸侯的灭亡，而同姓诸国次第建立。其中尤以高祖的长子齐王肥，封地既大，人民又多，且居东方形胜之地，为当时所重视（又有淮南王长、燕王建、赵王如意、梁王恢、代王恒、淮阳王友，皆高帝子。楚王交，高帝弟。吴王濞，高帝兄子）。宗法社会中，所信任的，不是同姓，便是外戚。汉初功臣韩信、彭越等，不过因其封地大，所以特别被猜忌，其余无封地，或者仅有小封土的，亦安能"与官同心"？汉高祖东征西讨，频年在外，中央政府所委任的，却是何人呢？幸而他的皇后吕氏是很有能力的。她的母家，大约亦是当时所谓豪杰之流；她的哥哥吕泽和吕释之，都跟随高祖带兵；妹夫樊哙，尤其是功臣中的佼佼者；所以在当时，亦自成为一种势力。高祖频年在外，京城里的事情，把持着的便是她，这只要看韩信、彭越都死在她手里，便可知道。所以高祖死后，嗣子惠帝虽然懦弱，倒也安安稳稳地做了七年皇帝。惠帝死后，嗣子少帝，又做了四年。不知何故（吕后女鲁元公主下嫁张敖，敖女为惠帝后。《史记》说她无子，佯为有身，取美人子，杀其母，名为己子。惠帝崩，立，既长，闻其事，口出怨言，为吕后所废。此非事实。张皇后之立，据《汉书》本纪，事在惠帝四年十月，至少帝四年仅七年，少帝至多不过七岁，安有知怨吕后之理），为吕后所废而立其弟，吕后临朝称制，又四年而死。吕后活着的时候，虽然封了几个母家的人为王，却都没有到国。吕后其实并无推翻刘氏、重用吕氏的意思，所任用的，还是汉初的几个功臣，这班人究竟未免有些可怕，所以临死的时候，吩咐带北军的吕禄、南军的吕产（禄，释之之子。产，泽子），"据兵卫宫"，不要出去送丧，以防有人在京城里乘虚作乱。此时齐王肥已经死了，子襄继为齐王。其弟朱虚侯章在京城里，暗中派人去叫他起兵。汉朝派功臣灌婴去打他。灌婴到荥阳，和齐王连和，于是前敌形成了僵局。丞相陈平、太尉周勃等，乃派人运动吕禄，交出兵权。吕禄犹豫未决，周勃用诈术突入北军，运动军人，反对吕氏，把吕禄、吕产和其余吕氏的人都杀掉。于是阴谋说惠帝的儿子都不是惠帝所生的，就高帝现存的儿子中，择其最长的，迎立了代王恒，是为文帝。齐王一支人，自然是不服的。文帝乃运用手腕，即分齐地，封朱虚侯为城阳王，朱虚侯之弟东牟侯兴居为济北王（城阳治莒，今山东莒县。济北治卢，今山东长清县）。城阳王不久就死了。济北王以反被诛。汉初宗室、外戚、功臣的三角斗争，至此才告结束。

当时的功臣，所以不敢推翻刘氏，和汉朝同姓分封之多，确实是有关系的，所以封建不能说没有一时之用。然而异姓功臣都灭亡后，所患的，却又在于同姓了。要铲除同姓诸侯尾大不掉之患，自不外乎贾谊"众建诸侯而少其力"一语。这话，当文帝时，其实是已经实行了的，齐王襄传子则，则死后没有儿子，文帝就把他的地方，分为齐、济北、济南、菑川、胶西、胶东六国（济南治东平陵，今山东历城县。菑川治剧，今山东寿光县。胶西治高苑，今山东桓台县。胶东治即墨，今山东即墨县），立了齐王肥的庶子六人。又把淮南之地，分成三国。但吴、楚仍是大国，吴王濞尤积有反心。晁错力劝文帝以法绳诸侯，文帝是个因循的人，没有能彻底实行。前一五七年，文帝死，子景帝立。晁错做了御史大夫，即实行其所主张。前一五四年，吴王联合楚、赵、胶西、胶东、菑川、济南造反，声势很盛。幸而吴王不懂得兵谋，"屯聚而西，无他奇道"，为周亚夫所败。于是景帝改定制度，诸侯王不得治民，令相代治其国。到武帝，又用主父偃之计，令诸侯得以其地分封自己的子弟，在平和的手腕中，把"众建诸侯而少其力"一语，彻底实行了。封建政体反动的余波，至此才算解决。从秦二世元年六国复立起，到吴、楚之乱平定，共五十六年。

第九章
汉武帝的内政外交

在第七章里所提出的对内对外两个问题，乃是统一以后自然存在着的问题，前文业经说明了。这个问题，自前二〇六年秦灭汉兴，至前一四一年景帝之死，共六十六年，久被搁置着不提了。这是因为高帝、吕后时，忙于应付异姓功臣，文帝、景帝时，又存在着一个同姓诸王的问题；高帝本是无赖子，文、景两帝亦只是个寻常人，凡事都只会蹈常习故之故。当这时候，天下新离兵革之患，再没有像战国以前年年打仗的事情了。郡县长官，比起世袭的诸侯来，自然权力要小了许多，不敢虐民。诸侯王虽有荒淫昏暴的，比之战国以前，自然也差得远了。这时候的中央政府，又一事不办，和秦始皇的多所作为，要加重人民负担的，大不相同。在私有财产制度之下，人人都急于自谋，你只要不去扰累他，他自然会休养生息，日臻富厚。所以据《史记·平准书》说：在武帝的初年，海内是很为富庶的。但是如此就算了么？须知社会并不是有了钱就没有问题的。况且当时所谓有钱，只是总算起来，富力有所增加，并不是人人都有饭吃，富的人富了，穷的人还是一样的穷，而且因贫富相形，使人心更感觉不平，感觉不足。而对外的问题，时势亦逼着我们不能闭关自守。汉武帝并不是真有什么本领的人，但是他的志愿，却较文、景两帝为大，不肯蹈常习故，一事不办，于是久经搁置的问题，又要重被提起了。

当时对内的问题，因海内已无反侧，用不到像秦始皇一般注意于镇压，而可以谋一个长治久安之策。这个问题，在当时的人看起来，重要的有两方面：一个是生计，一个是教化，这是理论上当然的结果。衣食足而知荣辱，生计问题，自然在教化之先；而要解决生计问题，又不过平均地权、节制资本两途，这亦是理论上当然的结果。最能解决这两个问题的，是哪一家的学术呢？那么，言平均地权和教化者，莫如儒家，言节制资本者，莫如法家。汉武帝，大家称他是崇儒的人，其实他并不是真懂得儒家之道的。他所以崇儒，大约因为他的性质是夸大的，要做些表面上的事情，如改正朔、易服色等，而此等事情，只有儒家最为擅长之故。所以当时一个真正的儒家董仲舒，提出了限民名田的主张，他并不能行。他的功绩，最大的，只是替《五经》博士置弟子，设科射策，劝以官禄，使儒家之学，得国家的提倡而地位提高。但是照儒家之学，生计问题本在教化问题之先；即以教化问题而论，地方上的庠序，亦重于京城里的太学，这只要看《汉书·礼志》上的议论，便可以知道。武帝当日，对于庠序，亦未能注意，即因其专做表面上的事情之故。至于法家，他用到了一个桑弘羊，行了些榷盐铁、酒酤、均输等政策。据《盐铁论》看来，桑弘羊是确有节制资本之意，并非专为筹款的。但是节制资本而藉官僚以行之，很难望其有利无弊，所以其结果，只达到了筹款的目的，节制资本，则徒成虚语，且因行政的腐败，转不免有使人民受累的地方。其余急不暇择的筹款方法，如算缗钱、舟车、令民生子三岁即出口钱，及令民入羊为郎、入谷补官等，更不必说了。因所行不顺民心，不得不用严切的手段，乃招致张汤、赵禹等，立了许多严切的法令，以压迫人民。秦以来的狱吏，本来是偏于残酷的，加以此等法律，其贻害自然更深了。他用此等方法，搜括了许多钱来，做些什么事呢？除对外的武功，有一部分可以算是替国家开拓疆土、防御外患外，其余如封禅、巡幸、信用方士、大营宫室等，可以说全部是浪费。山东是当时诛求剥削的中心，以致末年民愁盗起，几至酿成大乱。

武帝对外的武功，却是怎样呢？当时还威胁着中国边境的，自然还是匈奴。此外秦朝所开辟的桂林、南海、象三郡和闽中郡，秦末汉初，又已分离为南越、闽越、东瓯三国了。现在的西康、云、贵和四川、甘肃的边境，即汉人所谓西南夷，则秦时尚未正式开辟。东北境，虽然自战国以来，燕国人业已开辟了辽东，当时的辽东，且到现在朝鲜境内（汉初守燕国的旧疆，以浿水为界，则秦界尚在浿水以西。浿水，今大同江），然汉族的移殖，还不以此为限，自可更向外开拓。而从甘肃向西北入新疆，向西南到青海，也正随着国力的扩张，而可有互相交通之势。在这种情势之下，推动雄才大略之主，向外开拓的，有两种动机：其一，可说是代表国家和民族向外拓展的趋势，又其一则为君主个人的野心。匈奴，自秦末乘中国内乱，戍边者皆去，复入居河南。汉初，其雄主冒顿，把今蒙古东部的东胡、甘肃西北境的月氏，都征服了。到汉文帝时，他又征服了西域。西域，即今新疆省之地（"西域"两字，义有广狭。《汉书·西域传》说西域之地，"南北有大山，中央有河，东则接汉，阸以玉门、阳关，西则限以葱岭"。北方的大山，即今天山，南方的大山，即沙漠以南的山脉，略为新疆与西藏之界。河系今塔里木河。玉门、阳关，都在今甘肃敦煌县西。此乃今天山南路之地。其后自此西出，凡交通所及之地，亦概称为"西域"，则其界限并无一定，就连欧洲也都包括在内）。汉时分为三十六国（后分至五十余）。其种有塞，有氏、羌。塞人属于高加索种，都是居国，其文明程度，远在匈奴、氏、羌等游牧民族之上。匈奴设官以收其赋税。汉高祖曾出兵征伐匈奴，被围于平城（今山西大同县），七日乃解。此时中国初定，对内的问题还多，不能对外用兵，乃用娄敬之策，名家人子为长公主，嫁给冒顿，同他讲和，是为中国以公主下嫁外国君主结和亲之始。文、景两代，匈奴时有叛服，文、景不过发兵防之而已，并没建立一定的对策。到武帝，才大出兵以征匈奴，前一二七年，恢复河南之地，匈奴自此移于漠北。前一一九年，又派卫青、霍去病绝漠攻击，匈奴损折颇多。此外较小的战斗，还有多次，兵事连亘，前后共二十余年，匈奴因此又渐移向西北。汉武帝的用兵，是很不得法的，他不用功臣宿将，而专用卫青、霍去病等椒房之亲。纪律既不严明，对于军需，又不爱惜，以致士卒死伤很多，物质亦极浪费（如霍去病，《史记》称其少而传中，贵不省士。其用兵，"既还，重车余弃粱肉，而士有饥者。在塞外，卒乏粮，或不能自振，而去病尚穿域蹋鞠，事多类此"。卫青、霍去病大出塞的一役，汉马死者至十余万匹，从此以马少则不能大举兵事。李广利再征大宛时，兵出敦煌的六万人，私人自愿从军的还不在其内，马三万匹，回来时，进玉门关的只有一万多人，马一千多匹。史家说这一次并不乏食，战死的也不多，所以死亡如此，全由将吏不爱士卒之故。可见用人不守成法之害）。只因中国和匈奴，国力相去悬绝，所以终能得到胜利。然此乃国力的胜利，并非战略的胜利。至于其通西域，则更是动于侈心。他的初意，是听说月氏为匈奴所破，逃到今阿母河滨，想报匈奴的仇，苦于无人和他合力，乃派张骞出使。张骞回来后，知道月氏已得沃土，无报仇之心，其目的已不能达到了。但武帝因此而知西域的广大，以为招致了他们来朝贡，实为自古所未有，于是动于侈心，想招致西域各国。张骞在大夏时，看见邛竹杖、蜀布，问他从哪里来的？他们说从身毒（今印度）买来。于是臆想，从四川、云南，可通西域。派人前去寻求道路，都不能通（当时蜀物入印度，所走的路，当系今自四川经西康、云南入缅甸的路。自西南夷求通西域的使者，"传闻其西可千余里，有乘象国，名曰'滇越'，而蜀贾奸出物者或至焉"，即当今缅甸之地）。后来匈奴的浑邪王降汉，今甘肃西北部之地，收入中国版图，通西域的路，才正式开通。前一〇四年，李广利伐大宛（大宛都贵山城，乃今之霍阐），不克。武帝又续发大兵，前一〇一年，到底把他打下。大宛是离中国很远的国，西域诸国，因此慑于中国兵威，相率来朝。还有一个乌孙，也是游牧民族，当月氏在甘肃西北境时，乌孙为其所破，依匈奴以居。月氏为匈奴所破，是先逃到伊犁河流域的。乌孙借匈奴的助力，把他打败，月氏才逃到阿母河流域，乌孙即占据伊犁之地。浑邪王降汉时，汉朝尚无意开其地为郡县，张骞建议，招乌孙来居之。乌孙不肯来，而匈奴因其和中国交通，颇责怪他。乌孙恐惧，愿"婿汉氏以自亲"，于是汉朝把一个宗室女儿嫁给他。从此以后，乌孙和匈奴之间有问题，汉朝就不能置之不问，《汉书·西域传》说"汉用忧劳无宁岁"，很有怨怼的意思。案：西域都是些小国，汉攻匈奴，并不能得他的助力，而因此劳费殊甚，所以当时人的议论，大都是反对的。但是史事复杂，利害很难就一时一地之事论断。（一）西域是西洋文明传布之地。西洋文明的中心古希腊、罗马等，距离中国很远，在古代只有海道的交通，交流不甚密切，西域则与中国陆地相接，自近代西力东渐以前，中西的文明，实在是恃此而交流的。（二）而且西域之地，设或为游牧民族所据，亦将成为中国之患，汉通西域之后，对于天山南北路，就有相当的防备，后来匈奴败亡后，未能侵入，这也未始非中国之福。所以汉通西域，不是没有益处的。但这只是史事自然的推迁，并非当时所能预烛。当时的朝鲜：汉初燕人卫满走出塞，把箕子之后袭灭了，自王朝鲜。传子至孙，于前一〇八年，为汉武帝所灭。将其地设置乐浪、临屯、真番、玄菟四郡（乐浪，今朝鲜平安南道及黄海、京畿两道之地。临屯为江原道地。玄菟为咸镜南道。真番跨鸭绿江上流。至前八二年，罢真番、临屯，以并乐浪、玄菟）。朝鲜半岛的主要民族是貉族，自古即渐染汉族的文化，经此长时期的保育，其汉化的程度愈深，且因此而输入半岛南部的三韩（马韩，今忠清、全罗两道。弁韩、辰韩，今庆尚道），和海东的日本，实为中国文化在亚洲东北部最大的根据地。南方的东瓯，因为闽越所攻击，前一三八年，徙居江、淮间。南越和闽越，均于前一一一年，为中国所灭。当时的西南夷：在今金沙江和黔江流域的，是夜郎、滇、邛都，在岷江和嘉陵江上源的，是徙、筰都、冉駹、白马。在今横断山脉和澜沧、金沙两江间的，是巂昆明（夜郎，今贵州桐梓县。滇，今云南昆明县。邛都，今西康西昌县。徙，今四川天全县。筰都，今西康汉源县。冉駹，今四川茂县。白马，今甘肃成县。巂昆明，在今昆明、大理之间，乃行国）。两越既平，亦即开辟为郡县，确立了中国西南部的疆域。今青海首府附近，即汉人称为河湟之地的，为羌人所据。这一支羌人，系属游牧民族，颇为中国之患。前一一二年，汉武帝把他打破，设护羌校尉管理它，开辟了今青海的东境。

第十章
前汉的衰亡

　　汉武帝死后，汉朝是经过一次政变的，这件事情的真相，未曾有传于后。武帝因迷信之故，方士神巫，多聚集京师，至其末年，遂有巫蛊之祸，皇后自杀。太子据发兵，把诬陷他和皇后的江充杀掉。武帝认为造反，亦发兵剿办。太子兵败出亡，后被发觉，自缢而死。当太子死时，武帝儿子存在的，还有燕王旦、广陵王胥、昌邑王髆，武帝迄未再立太子。前八七年，武帝死，立赵婕妤所生幼子弗陵，是为昭帝。霍光、上官桀、桑弘羊、金日磾同受遗诏辅政。赵婕妤先以谴死。褚先生《补外戚世家》说是武帝怕身死之后，嗣君年少，母后专权，先行把她除去的。《汉书·霍光传》又说：武帝看中了霍光，使画工画了一幅周公负成王朝诸侯的图赏给他。武帝临死时，霍光问当立谁。武帝说："立少子，君行周公之事。"这话全出捏造。武帝生平溺于女色；他大约是个多血质的人，一生行事，全凭一时感情冲动；安能有深谋远虑，预割嬖爱？霍光乃左右近习之流，仅可以供驱使。上官桀是养马的。金日磾系匈奴休屠王之子，休屠王与浑邪王同守西边，因不肯降汉，为浑邪王所杀，乃系一个外国人，与中国又有杀父之仇。朝臣中即使无人，安得托孤于这几个人？当他们三个人以武帝遗诏封侯时，有一个侍卫，名唤王莽，他的儿子唤作王忽，扬言道，皇帝病时，我常在左右，哪里有这道诏书？霍光闻之，切责王莽，王莽只得把王忽杀掉。然则昭帝之立，究竟是怎样一回事，就可想而知了。昭帝既立，燕王谋反，不成而死。桑弘羊、上官桀都以同谋被杀。霍光的女儿，是上官桀的儿媳妇，其女即昭帝的皇后。上官桀大约因是霍光的亲戚而被引用，又因争权而翻脸的，殊不足论，桑弘羊却可惜了（金日磾于昭帝元年即死，故不与此次政变）。前七四年，昭帝死，无子。霍光迎立昌邑王的儿子贺，旋又为光所废，而迎太子据之孙病已于民间，是为宣帝。昌邑王之废，表面上是无道，然当昌邑群臣二百余人被杀时，在市中号呼道"当断不断，反受其乱"，则昌邑王因何被废，又可想而知了。太子据败时，妻妾子女悉被害，只有一个宣帝系狱，此事在前九一年。到前八七年，即武帝死的一年，据说，有望气者说："长安狱中有天子气。"武帝就派使者，"分条中都官狱系者，轻重皆杀之"。幸而有个丙吉，"拒闭使者"，宣帝才得保全。因而遇赦。案：太子死后，武帝不久即自悔。凡和杀太子有关的人，都遭诛戮。太子系闭门自缢，脚踢开门和解去他自缢的绳索的人都封侯。

上书讼太子冤的田千秋，无德无能，竟用为丞相。武帝的举动如此，宣帝安得系狱五年不释？把各监狱中的罪人，不问罪名轻重，尽行杀掉，在中国历史上，是从来没有这回事的，这是和中国，至少是有史以来的中国的文化不兼容的，武帝再老病昏乱些，也发不出这道命令。如其发出了，拒绝不肯执行的，又岂止一个丙吉？然则宣帝是否武帝的曾孙，又很有可疑了。今即舍此勿论，而昌邑王以有在国时的群臣，为其谋主，当断不断而败，宣帝起自民间，这一层自然无足为虑，这怕总是霍光所以迎立他的真原因了罢。宣帝既立，自然委政于光，立六年而光死，事权仍在霍氏手里。宣帝不动声色地，逐渐把他们的权柄夺去，任用自己的亲信。至前六六年，而霍氏被诛灭。

霍光的事情，真相如此。因为汉时史料缺乏，后人遂认为他的废立是出于公心的，把他和向来崇拜的偶像伊尹连系在一起，称为"伊、霍"，史家的易欺，真堪惊叹了。当时朝廷之上，虽有这种争斗，影响却未及于民间。武帝在时，内行奢侈，外事四夷，实已民不堪命。霍光秉政，颇能轻徭薄赋，与民休息。宣帝起自民间，又能留意于吏治和刑狱。所以昭、宣两帝之世，即自前八六至前四九年凡三十八年之间，政治反较武帝时为清明，其时汉朝对于西域的声威，益形振起。前六〇年，设立西域都护，兼管南北两道。匈奴内乱，五单于并立，后并于呼韩邪。又有一个郅支单于，把呼韩邪打败。前五一年，呼韩邪入朝于汉。郅支因汉拥护呼韩邪，遁走西域。前四九年，宣帝崩，子元帝立。前三六年，西域副都护陈汤矫诏发诸国兵袭杀郅支。汉朝国威之盛，至此亦达于极点。然有一事，系汉朝政治败坏的根源，其端实开自霍光秉政之时的，那便是宰相之权，移于尚书。汉朝的宰相是颇有实权的。全国的政治，都以相府为总汇，皇帝的秘书御史，不过是他的助手，尚书乃皇帝手下的管卷，更其说不着了。自霍光秉政，自领尚书，宰相都用年老无气和自己的私人，政事悉由宫中而出，遂不能有正色立朝之臣。宣帝虽诛灭霍氏，于此却未能矫正。宦者弘恭、石显，当宣、元之世，相继在内用事。元帝时，士大夫如萧望之、刘向等，竭力和他们争斗，终不能胜。朝无重臣，遂至嬖幸得干相位，外戚得移朝祚，西汉的灭亡，相权的丧失实在是一个重要的原因。而且其事不但关涉汉朝，历代的政治，实都受其影响。

元帝以前三三年死，子成帝立。成帝是个荒淫无度的人，喜欢了一个歌者赵飞燕，立为皇后，又立其女弟合德为婕妤。性又优柔寡断，事权遂入于外家王氏之手。前七年，成帝崩，哀帝立，颇想效法武、宣，振起威权。然宠爱嬖人董贤，用为宰相，朝政愈乱。此时王氏虽一时退避，然其势力仍在。哀帝任用其外家丁氏、祖母族傅氏，其中却并无人才，实力远非王氏之敌。前一年，哀帝崩，无子，王莽乘机复出，迎立平帝。诛灭丁、傅、董贤，旋弑平帝而立孺子婴（哀、平二帝皆元帝孙，孺子为宣帝曾孙）。王莽从居摄改称"假皇帝"，又从假皇帝变作真皇帝，改国号为"新"，而前汉遂亡。此事在公元九年。

第十一章
新室的兴亡

　　前、后汉之间是中国历史的一个转变。在前汉之世，政治家的眼光，看了天下，认为不该就这么苟安下去。后世的政治家奉为金科玉律的思想，所谓"治天下不如安天下，安天下不如与天下安"，是这时候的人所没有的。他们看了社会，还是可用人力控制的，一切不合理的事，都该用人力去改变，此即所谓"拨乱世，反之正"。出来负这个责任的，当然是贤明的君主和一班贤明的政治家。当汉昭帝时，有一个儒者，唤作眭弘，因灾异，使其朋友上书，劝汉帝"求索贤人，禅以帝位，而退自封百里"。宣帝时，有个盖宽饶，上封事亦说："五帝官天下，三王家天下，家以传子，官以传贤，四序之运，成功者退，不得其人，则不居其位。"这两个人，虽然都得罪而死，但眭弘大约是因霍光专政，怕人疑心他要篡位，所以牺牲了他，以资辨白的。况且霍光是个不学无术的人，根本不懂得什么改革大计。盖宽饶则因其刚直之性，既触犯君主，又为有权势的人所忌，以致遭祸，都不是反对这种理论，视为大逆不道。至于不关涉政体，而要在政务上举行较根本的改革的，则在宣帝时有王吉，因为宣帝是个实际的政治家，不能听他的话。元帝即位，却征用了王吉及和他志同道合的朋友贡禹。王吉年老，在路上死了。贡禹征至，官至御史大夫，听了他的话，改正了许多奢侈的制度，又行了许多宽恤民力的政事。其时又有个翼奉，劝元帝徙都成周。他说：长安的制度，已经坏了，因袭了这种制度，政治必不能改良，所以要迁都正本，与天下更始，则其规模更为阔大了。哀帝多病，而且无子，又有个李寻，保荐了一个贺良，陈说"汉历中衰，当更受命"，劝他改号为"陈圣刘皇帝"。"陈"字和"田"字同音，"田""地"两字，古人通用，地就是土，陈圣刘皇帝，大约是说皇帝虽然姓刘，所行的却是土德。西汉人五德终始之说，还不是像后世专讲一些无关实际，有类迷信的空话的，既然要改变"行序"，同时就有一大套实际的政务，要跟着改变。这只要看贾谊说汉朝应当改革，虽然要"改正朔，易服色"，也要"法制度，定官名"，而他所草拟的具体方案，"为官名，悉更秦之故"，便可知道。五德终始，本来不是什么迷信，而是一套有系统的政治方案。这种根本的大改革，要遭到不了解的人无意识的反对，和实际于他权利有损的人出死力的抵抗，自是当然之事。所以贺良再进一步想改革实际的政务，就遭遇反对而失败了。但改革的气势，既然如此其磅礴郁积，自然终必有起而行之之人，而这个人就是王莽。所以王莽是根本无所谓篡窃的。他只是代表时代潮流，出来实行改革的人。要实行改革，自然要取得政权；要取得政权，自然要推翻前朝的皇帝；而因实行改革而推翻前朝的皇帝，在当时的人看起来，毋宁是天理人情上当然的事。所以应天顺人（《易·鼎卦象辞》："汤武革命，顺乎天而应乎人。"），在当时也并不是一句门面话。

要大改革，第一步自然还是生计问题，王莽所实行的是：（一）改名天下的田为王田，这即是现在的宣布土地国有，和附着于土地的奴隶，都不准买卖，而举当时所有的土田，按照新章，举行公平的分配。（二）立六筦之法，将大事业收归官营。（三）立司市、泉府，以平衡物价，使消费者、生产者、交换者，都不吃亏。收有职业的人的税，以供要生利而无资本的人，及有正当消费而一时周转不灵的人的借贷。他的办法，颇能综合儒法两家，兼顾到平均地权和节制资本两方面，其规模可称阔大，思虑亦可谓周详。但是徒法不能自行，要举行这种大改革，必须民众有相当的觉悟，且能为相当的行动，专靠在上者的操刀代斫，是不行的。因为真正为国为民的人，总只有少数，官僚阶级中的大多数人，其利害总是和人民相反的，非靠督责不行。以中国之大，古代交通的不便，一个中央政府，督责之力本来有所不及；而况当大改革之际，普通官吏，对于法令，也未必能了解，而作弊的机会却特多；所以推行不易，而监督更难。王莽当日所定的法令，有关实际的，怕没有一件能够真正推行，达到目的，因此而生的流弊，则无一事不有，且无一事不厉害。其余无关实际，徒资纷扰的，更不必说了。王莽是个偏重立法的人，他又"锐思于制作"，而把眼前的政务搁起。尤其无谓的，是他的改革货币，麻烦而屡次改变，势不可行，把商业先破坏了。新分配之法，未曾成立，旧交易之法，先已破坏，遂使生计界的秩序大乱，全国的人，无一不受到影响。王莽又是个拘泥理论、好求形式上的整齐的人。他要把全国的政治区划，依据地理，重行厘定，以制定封建和郡县制度。这固然是一种根本之图，然岂旦夕可致？遂至改革纷纭，名称屡变，吏弗能纪。他又要大改官制，一时亦不能成功，而官吏因制度未定，皆不得禄，自然贪求更甚了。对于域外，也是这么一套。如更改封号及印章等，无关实际、徒失交涉的圆滑，加以措置失宜，匈奴、西域、西南夷，遂至背叛。王莽对于西域，未曾用兵。西南夷则连年征讨，骚扰殊甚。对于匈奴，他更有一个分立许多小单于而发大兵深入穷追，把其不服的赶到丁令地方去的一个大计划（此乃欲将匈奴驱入今西伯利亚之地，而将漠北空出）。这个计划，倒也是值得称赞的，然亦谈何容易？当时调兵运饷，牵动尤广，屯守连年，兵始终没有能够出，而内乱却已蔓延了。

莽末的内乱，是起于公元一七年的。今山东地方，先行吃紧。湖北地方，亦有饥民屯聚。剿办连年弗能定。公元二二年，藏匿在今当阳县绿林山中的兵，分出南阳和南郡（汉南阳郡，治宛，今河南南阳县。南郡，治江陵，今湖北江陵县）。入南阳的谓之"新市兵"，入南郡的谓之"下江兵"。又有起于今随县的平林乡的，谓之"平林兵"。汉朝的宗室刘玄，在平林兵中。刘演、刘秀则起兵春陵（今湖北枣阳县），和新市、平林兵合。刘玄初称"更始将军"，后遂被立为帝，入据宛。明年，王莽派大兵四十万去剿办，多而不整，大败于昆阳（今河南叶县）。莽遂失其控制之力，各地方叛者并起。更始分兵两支：一攻洛阳，一入武关。长安中叛者亦起。莽遂被杀。更始移居长安，然为新市、平林诸将所制，不能有为。此时海内大乱，而今河南、河北，山东一带更甚。刘演为新市、平林诸将所杀。刘秀别为一军，出定河北。即帝位于鄗（改名高邑，今河北高邑县），是为后汉光武皇帝。先打平了许多小股的流寇。其大股赤眉，因食尽西上，另立了一个汉朝的宗室刘盆子，攻入长安。更始兵败出降，旋被杀。光武初以河内为根据地（汉河内郡，治怀，在今河南武陟县），派兵留守，和服从更始的洛阳对峙。至此遂取得了洛阳，定都其地。派兵去攻关中，未能遽定，而赤眉又因食尽东走，光武自勒大兵，降之宜阳（今河南宜阳县）。此时东方还有汉朝的宗室刘永割据睢阳（今河南商丘县）。东方诸将，多与之合。又有秦丰、田戎等，割据今湖北沿江一带，亦被他次第打平。只有陇西的隗嚣、四川的公孙述，较有规模，到最后才平定。保据河西的窦融，则不烦兵力而自下。到公元三六年，天下又算平定了。从公元一七年东方及荆州兵起，算到这一年，其时间实四倍于秦末之乱；其破坏的程度，怕还不止这一个比例。光武平定天下之后，自然只好暂顾目前，说不上什么远大的计划了。而自王莽举行这样的大改革而失败后，政治家的眼光，亦为之一变。根本之计，再也没有人敢提及。社会渐被视为不可以人力控制之物，只能听其迁流所至。"治天下不如安天下，安天下不如与天下安"，遂被视为政治上的金科玉律了。所以说这是中国历史上的一个大转变。

第十二章
后汉的盛衰

后汉自公元二五年光武帝即位起，至公元二二〇年为魏所篡止，共计一百九十二年；若算到公元一八九年董卓行废立，东方起兵讨卓，实际分裂之时为止，则共得一百七十五年；其运祚略与前汉相等，然其国力的充实，则远不如前汉了。这是因为后汉移都洛阳，对于西北两面的控制，不如前汉之便；又承大乱之后，海内凋敝已极，休养未几，而羌乱即起，其富力亦不如前汉之盛之故。两汉四百年，同称中国的盛世，实际上，后汉已渐露中衰之机了。光武帝是一个实际的政治家。他知道大乱之后，急于要休养生息，所以一味地减官省事。退功臣，进文吏。位高望重的三公，亦只崇其礼貌，而自己以严切之法，行督责之术，虽然有时不免失之过严，然颇得专制政治"严以察吏，宽以驭民"的秘诀，所以其时的政治，颇为清明。公元五七年，光武帝崩，子明帝立。亦能守其遗法。公元七五年，明帝崩，子章帝立，政治虽渐见宽弛，然尚能蒙业而安。章帝以公元八八年崩。自公元三六年公孙述平定至此，共计五十二年，为东汉治平之世。匈奴呼韩邪单于约诸子以次继立。六传至呼都而尸单于，背约而杀其弟。前单于之子比，时领南边，不服。公元四八年，自立为呼韩邪单于，来降。中国人处之于今绥远境内。匈奴自此分为南北。北匈奴日益衰乱。公元八九年，南单于上书求并北庭。时和帝新立，年幼，太后窦氏临朝。后兄窦宪犯法，欲令其立功自赎，乃以宪为大将军，出兵击破匈奴。后年，又大破之于金微山（大约系今蒙古西北的阿尔泰山）。北匈奴自此远遁，不能为中国之患了。西域的东北部，是易受匈奴控制的。其西南部，则自脱离汉朝都护的管辖后，强国如莎车、于阗等，出而攻击诸国，意图并吞。后汉初兴，诸国多愿遣子入侍，请派都护，光武不许。明帝时，才遣班超出使。班超智勇足备，带了少数的人，留居西域，调发诸国的兵，征讨不服，至公元九一年而西域平定。汉朝复设都护，以超为之。后汉之于域外，并没有出力经营，其成功，倒亦和前汉相仿佛，只可谓之适值天幸而已。

后汉的乱源，共有好几个，其中最重要的，就是外戚和宦官。从前的皇室，其前身，本来是一个强大的氏族。氏族自有氏族的继承法。当族长逝世，合法继承人年幼时，从族中推出一个人来，暂操治理之权，谓之"摄政"。如由前族长之妻，现族长之母代理，则即所谓"母后临朝"。宗室分封于外，而中朝以外戚辅政，本来是前汉的一个政治习惯。虽然前汉系为外戚所篡，然当一种制度未至崩溃时，即有弊窦，人们总认为是人的不好，而不会归咎于制度。如此，后汉屡有冲幼之君，自然产生不出皇族摄政的制度来，而只会由母后临朝；母后临朝，自然要任用外戚。君主之始，本来是和一个乡长或县长差不多的。他和人民是很为接近的。到后来，国家愈扩愈大，和原始的国家不知相差若干倍了，而君主的制度依然如故。他和人民，和比较低级的官吏，遂至因层次之多而自然隔绝。又因其地位之高，而自成养尊处优之势，关系之重，而不得不深居简出。遂至和当朝的大臣，都不接近，而只是和些宦官宫妾习狎。这是历代的嬖幸近习易于得志的原因，也是政治败坏的一个原因。后汉外戚之祸，起于章帝时。章帝的皇后窦氏是没有儿子的。宋贵人生子庆，立为太子。梁贵人生子肇，窦后养为己子。后诬杀宋贵人，废庆为清河王，而立肇为太子。章帝崩，肇立，是为和帝。后兄窦宪专权。和帝既长，与宦者郑众谋诛之，是为后汉皇帝和宦官合谋以诛外戚之始。一〇五年，和帝崩。据说和帝的皇子，屡次夭殇，所以生才百余日的殇帝，是寄养于民间的。皇后邓氏迎而立之，明年，复死。乃迎立清河王的儿子，是为安帝。邓太后临朝，凡十五年。太后崩后，安帝亲政，任用皇后的哥哥阎显，又宠信宦官和乳母王圣，政治甚为紊乱。阎皇后无子，后宫李氏生子保，立为太子。后谮杀李氏而废保。一二五年，安帝如宛，道崩。皇后秘丧驰归，迎立章帝之孙北乡侯懿，当年即死。宦者孙程等迎立废太子保，是为顺帝。程等十九人皆封列侯。然未久即多遭遣斥。顺帝任用皇后的父亲梁商，为人还算谨慎。商死后，子冀继之，则其骄淫纵恣，为前此所未有。一四四年，顺帝崩，子冲帝立，明年崩。梁冀迎立章帝的玄孙质帝。因年小聪明，为冀所弑。又迎立章帝的曾孙桓帝。桓帝立十三年后，才和宦者单超等五人合谋把梁冀诛戮，自此宦官又得势了。

因宦官的得势，遂激成所谓"党锢之祸"。宦官和阉人，本来是两件事。宦字的初义，是在机关中学习，后来则变为在贵人家中服事他。皇室的规模，自然较卿大夫更大，自亦有在宫中服事他的人，此即所谓"宦官"（据《汉书·本纪》，惠帝即位后，曾施恩于宦皇帝的人，此即是惠帝为太子时，在"太子家"中伺候他的人）。本不专用阉人，而且其初，宦官的等级远较阉人为高，怕是绝对不能用阉人的。但到后来，刑罚滥了，士大夫亦有受到宫刑的（如司马迁受官刑后为中书谒者令，即其好例）；又有生来天阉的人；又有贪慕权势，自宫以进的，不都是俘虏或罪人。于是其人的能力和品格，都渐渐提高，而可以用为宦官了。后汉邓太后临朝后，宫中有好几种官，如中常侍等，都改用阉人，宦官遂成为阉人所做的官的代名词。虽然阉人的地位实已提高，然其初既是俘虏和罪人，社会上自然总还将他当作另一种人看待，士大夫更瞧他不起。此时的士大夫和贵族，都是好名的，都是好交结的。这一者出于战国之世贵族好养士，士人好奔走的习惯，一则出于此时选举上的需要。当时的宦官，多有子弟亲戚，或在外面做官暴虐，或则居乡恃势骄横。用法律裁制，或者激动舆论反对他，正是立名的好机会。士大夫和宦官遂势成水火。这一班好名誉好交结的士大夫，自然也不免互相标榜，互相结托。京城里的太学，游学者众多，而且和政治接近，便自然成为他们聚集的中心。结党以营谋进身，牵引同类，淆乱是非，那是政治上的一个大忌。当时的士大夫，自不免有此嫌疑。而且用了这一个罪名，则一网可以打尽，这是多么便利、多么痛快的事！宦官遂指当时反对他们的名士为党人，劝桓帝加以禁锢，后因后父窦武进言，方才把他们赦免。一六七年，桓帝崩，无子，窦后和武定策禁中，迎立了章帝的玄孙灵帝。太后临朝。窦武是和名士接近的，有恩于窦氏的陈蕃，做了太傅，则其本身就是名士中人，谋诛弄权的宦官，反为所害。太后亦被迁抑郁而死。灵帝年长，不但不知整顿，反更崇信宦官，听其把持朝政，浊乱四海。而又一味聚敛奢侈。此时乱源本已潜伏，再天天给他制造爆发的机会，遂成为不可收拾之局了。

大伤后汉元气的是羌乱。中国和外夷，其间本来总有边塞隔绝着的。论民族主义的真谛，先进民族本来有诱掖后进民族的责任，不该以隔绝为事，但是同化须行之以渐。在同化的进行未达相当程度时，彼此的界限是不能遽行撤废的。因为文化的不同就是生活的相异，不能使其生活从同，顾欲强使生活不同的人共同生活，自不免引起纠纷。而后汉时的羌乱，业已导其先路了。今青海省的东北境，在汉时本是羌人之地。王莽摄政时，讽羌人献地，设立了一个西海郡。既无实力开拓，边塞反因之撤废，羌人就侵入内地。后汉初年，屡有反叛，给中国征服了，又都把他们迁徙到内地来。于是降羌散居今甘肃之地者日多。安帝时，遂酿成大规模的叛乱。这时候，政治腐败，地方官无心守土，都把郡县迁徙到内地。人民不乐迁徙，则加以强迫驱遣，流离死亡，不可胜数。派兵剿办，将帅又腐败，历时十余年，用费达二百四十亿，才算勉强结束。顺帝时又叛，兵费又至八十余亿，桓帝任用段颎，大加诛戮，才算镇定下来。然而西北一方，凋敝已甚，将帅又渐形骄横，隐伏着一个很大的乱源了。

遇事都诉之理性，这只是受过优良教育的人，在一定的范围中能够。其余大多数人，和这一部分人出于一定范围以外的行为，还是受习惯和传统思想的支配的。此种习惯和传统的思想，是没有理由可以解说的，若要仔细追究起来，往往和我们别一方面的知识冲突，所以人们都置诸不问，而无条件加以承认，此即所谓迷信。给迷信以一种力量的则为宗教。宗教鼓动人的力量是颇大的。当部族林立之世，宗教的教义，亦只限于一部族，而不足以吸引别部族人。到统一之后就不然了。这种小宗教，渐渐混合而产生大宗教的运动。在汉时，上下流社会，是各别进行的。

在上流社会中，孔子渐被视为一个神人，看当时内学家（东汉时称"纬"为"内学"）。尊崇孔子的话，便可见得。但在上流社会中，到底是受过良好教育，理性较为发达，不容此等迷信之论控制，所以不久就被反对迷信的玄学打倒。在下流社会，则各种迷信，逐渐结合，而形成后世的道教。在汉时是其初步。其中最主要的是张角的太平道和张修的五斗米道。道教到北魏时的寇谦之，才全然和政府妥协，前此，则是很激烈地反对政府的。他们以符咒治病等，为煽动和结合的工具。张修造反，旋即平定。张鲁后来虽割据汉中，只是设立鬼卒等，闭关自守，实行其神权政治而已，于大局亦无甚关系。张角却声势浩大，以公元一八四年起事。他的徒党，遍于青、徐、幽、冀、荆、扬、兖、豫八州，即今江苏、安徽、浙江、江西、湖北、湖南、山东、河南、河北各省之地。但张角似是一个只会煽惑而并没有什么政治能力的人，所以不久即败。然此时的小乱事，则已到处蔓延，不易遏止了，而黄巾的余党亦难于肃清。于是改刺史为州牧，将两级制变成了三级制，便宜了一部分的野心家，即仍称刺史的人以及手中亦有兵权的郡守。分裂之势渐次形成，静待着一个机会爆发。

第十三章
后汉的分裂和三国

公元一八九年，灵帝崩。灵帝皇后何氏，生子辩。美人王氏，生子协。灵帝属意于协，未及定而崩，属协于宦者蹇硕。这蹇硕，大约是有些武略的。当黄巾贼起时，汉朝在京城里练兵，共设立八个校尉，蹇硕便是上军校尉，所以灵帝把废嫡立庶的事情付托他。然而这本是不合法的事，皇帝自己办起来，还不免遭人反对，何况在其死后？这自然不能用法律手段解决。蹇硕乃想伏兵把何皇后的哥哥大将军何进杀掉，然后举事。事机不密，被何进知道了，就拥兵不朝。蹇硕无可如何，而辩乃得即位，是为废帝。何进把蹇硕杀掉，因想尽诛宦官。而何氏家本寒微，向来是尊敬宦官的。何太后的母亲和何进的兄弟，又受了宦官的贿赂，替他在太后面前说好话。太后因此坚持不肯。何进无奈，乃召外兵进京，欲以胁迫太后。宦官见事急，诱进入宫，把他杀掉。何进的官属，举兵尽诛宦官。京城大乱，而凉州将董卓适至，拥兵入京，大权遂尽入其手。董卓只是个强盗的材料。他把废帝废掉，而立协为皇帝，是为献帝。山东州郡起兵反对他，他乃移献帝于长安，接近自己的老家，以便负隅抵抗。东方州郡实在是人各有心的，都各占地盘，无意于进兵追讨。后来司徒王允和董卓亲信的将官吕布相结，把董卓杀掉。董卓的将校李傕、郭汜，又回兵替董卓报仇。吕布出奔，王允被杀。李傕、郭汜又互相攻击，汉朝的中央政府就从此解纽，不再能号令全国了。

各地方割据的：幽州有公孙瓒。冀州有袁绍。兖州有曹操。徐州始而是陶谦，后来成为刘备和吕布争夺之场。扬州，今寿县一带，为袁术所据，江东则入于孙策。荆州有刘表。益州有刘焉。这是较大而在中原之地的，其较小较偏僻的，则汉中有张鲁，凉州有马腾、韩遂，辽东有公孙度。当时政治的重心，是在山东的（古书所谓山东，系指华山以东，今之河南、山东都包括在内）。袁绍击灭了公孙瓒，又占据了并州，地盘最大，而曹操最有雄才大略。献帝因不堪李傕、郭汜的压迫，逃归洛阳，贫弱不能自立，召曹操入卫，操移献帝于许昌，遂成挟天子以令诸侯之势。刘备为吕布所破，逃归曹操，曹操和他合力击杀了吕布。袁术因荒淫无度，不能自立，想走归袁绍，曹操又使刘备邀击，术退走，旋死。刘备叛操，操又击破之。河南略定。二〇〇年，袁绍举大兵南下，与操相持于官渡（城名，在今河南中牟县北），为操所败。绍气愤死。二〇五年，绍二子并为操所灭。于是北方无与操抗者。二〇八年，操南征荆州。刘表适死，其幼子琮，以襄阳降（今湖北襄阳县，当时荆州治此）。刘备时在荆州，走江陵，操追败之。备奔刘表的长子琦于江夏（汉郡，后汉时，郡治在今湖北黄冈县境），和孙权合力，败操于赤壁（山名，在今湖北嘉鱼县）。于是刘备屯兵荆州，而孙权亦觊觎其地。后备乘刘焉的儿子刘璋暗弱，夺取益州。孙权想攻荆州，刘备同他讲和，把荆州之地平分了。时马腾的儿子马超和韩遂反叛，曹操击破之，又降伏了张鲁。刘备北取汉中。曹操自争之，不能克，只得退回。天下渐成三分之势。刘备初见诸葛亮时，诸葛亮替他计划，就是据有荆、益两州，天下有变，命将将荆州之兵以向宛、洛，而自率益州之众以出秦川的。这时的形势，颇合乎这个条件。备乃命关羽自荆州北伐，取襄阳，北方颇为震动，而孙权遣兵袭取江陵，羽还救，为权所杀。刘备忿怒，自将大兵攻权，又大败于猇亭（在今湖北宜都县西）。于是荆州全入于吴。备旋以惭愤而死，此事在公元二二三年。先是二二〇年，曹操死，子丕篡汉自立，是为魏文帝。其明年，刘备称帝于蜀，是为蜀汉昭烈帝。孙权是到二二九年才称帝的，是为吴大帝。天下正式成为三分之局。蜀的地方最小，只有今四川一省，其云南、贵州，全是未开发之地。吴虽自江陵而下，全据长江以南，然其时江南的开化，亦远在北方之后。所以三国以魏为最强，吴、蜀二国，常合力以与之抗。

　　三国的分裂，可以说是两种心理造成的。其一是封建的余习。人心是不能骤变的。在封建时代，本有各忠其君的心理，秦、汉以后，虽然统一了，然此等见解，还未能全行破除。试看汉代的士大夫，仕于州郡的，都奉其长官为君，称其机关为本朝，有事为之尽忠，死则为之持服，便可知道。又其一则为南方风气的强悍。赤壁战时，孙权实在没有联合刘备抵抗曹操的必要。所以当时文人持重而顾大局的，如张昭等，都主张迎降。只有周瑜和鲁肃主张抵抗，和孙权的意见相合。《三国志》载周瑜的话，说曹操名为汉相，实系汉贼，这是劫持众人的门面话，甚或竟是事后附会之谈。东吴的君臣，自始至终，所作所为，何曾有一件事有汉朝在心目之中？说这话想欺谁？在当时东吴朝廷的空气中，这话何能发生效力？孙权一生，最赏识的是周瑜，次之则是鲁肃。孙权当称帝时，说鲁子敬早有此议，鲁肃如此，周瑜可知。为什么要拥戴孙权做皇帝？这个绝无理由，不过是一种倔强之气，不甘为人下，孙权的自始便要想做皇帝，则更不过是一种不知分量的野心而已。赤壁之战，是天下三分的关键，其事在公元二〇八年，至二八〇年晋灭吴，天下才见统一，因这一种蛮悍的心理，使战祸延长了七十二年。

刘备的嗣子愚弱，所以托孤于诸葛亮。诸葛亮是有志于恢复中原的；而且蜀之国势，非以攻为守，亦无以自立；所以自先主死后，诸葛亮即与吴弃衅言和，连年出兵伐魏。吴则除诸葛恪辅政之时外，多系疆场小战。

曹操自赤壁败后，即改从今安徽方面经略东南。三国时，吴、魏用兵，亦都在这一带，彼此均无大成功。魏文帝本来无甚才略。死后，儿子明帝继立，荒淫奢侈，朝政更坏。其时司马懿屡次带兵在关中和诸葛亮相持，又平定了辽东。明帝死后，子齐王芳年幼，司马懿和曹爽同受遗诏辅政。其初大权为曹爽所专。司马懿托病不出，而暗中运用诡谋，到底把曹爽推翻，大权遂尽入其手。司马懿死后，他的儿子司马师、司马昭相继把持朝局。扬州方面，三次起兵反对司马氏，都无成。蜀自诸葛亮死后，蒋琬、费祎继之，不复能出兵北伐。费祎死后，姜维继之，频年出兵北伐而无功，民力颇为疲敝。后主又信任宦官，政局渐坏。司马昭乘此机会，于二六三年发兵灭蜀。司马昭死后，他的儿子司马炎继之，于二六五年篡魏，是为晋武帝，至二八〇年而灭吴统一中国。

第十四章
晋初的形势

吴、蜀灭亡，天下复归于统一了，然而乱源正潜伏着。这乱源是什么呢？

自后汉以来，政治的纲纪久经废弛，试看第十二章所述可知。政治上的纲纪若要挽回，最紧要的是以严明之法行督责之术。魏武帝和诸葛亮都是以此而收暂时的效果的。然而一两个严明的政治家，挽不回社会上江河日下的风气，到魏、晋之世，纲纪又复颓败了。试看清谈之风，起于正始（魏齐王芳年号，自公元二四〇年至二四八年），至晋初而更甚，直绵延至南朝之末可知。所谓清谈，所谈的就是玄学。谈玄本不是坏事，以思想论，玄学要比汉代的儒学高明得多。不过学问是学问，事实是事实。因学问而忽视现实问题，在常人尚且不可，何况当时因谈玄而蔑视现实的，有许多是国家的官吏，所抛弃的是政治上的职务。

汉朝人讲道家之学的所崇奉的是黄、老，所讲的是清静不扰，使人民得以各安其生的法术。魏、晋以后的人所崇奉的是老、庄，其宗旨为委心任运。狡黠的讲求趋避之术，养成不负责任之风。懦弱的则逃避现实，以求解除痛苦。颓废的则索性蔑视精神，专求物质上的快乐。到底人是现实主义的多，物质容易使人沉溺，于是奢侈之风大盛。当曹爽执政时，曾引用一班名士。虽因政争失败，未能有所作为，然从零碎的材料看来，他们是有一种改革的计划，而其计划且颇为远大的（如夏侯玄有废郡之议，他指出郡已经是供镇压之用，而不是治民事的，从来讲官制的人，没有这么彻底注重民治的）。曹爽等的失败，我们固然很难知其原因所在，然而奢侈无疑地总是其原因之一。代曹爽而起的是司马氏，司马氏是武人，武人是不知义理，亦不知有法度的，一奢侈就可以毫无规范。何曾、石崇等人正是这一个时代的代表。

封建时代用人本来是看重等级的。东周以后，世变日亟，游士渐起而夺贵族之席。秦国在七国中是最能任用游士的，读李斯《谏逐客书》可见。秦始皇灭六国后，仍保持这个政治习惯，所以李斯能做到宰相，得始皇的信任。汉高祖起自徒步，一时将相大臣，亦多刀笔吏或家贫无行者流，就更不必说了。汉武帝听了董仲舒的话，改革选法，博士、博士弟子、郡国上计之吏和州郡所察举的秀才、孝廉，都从广大的地方和各种不同的阶层中来。其他擢用上书言事的人，以及朝廷和各机关的征辟，亦都是以人才为主的。虽或不免采取虚誉，及引用善于奔走运动的人，究与一阶级中人世据高位者不同。魏、晋以降，门阀制度渐次形成，影响及于选举，高位多为贵族所盘踞，起自中下阶层中较有活气的人，参与政治的机会较少，政治自然不免腐败。如上章所述，三国时代，南方士大夫的风气，还是颇为剽悍的。自东晋之初，追溯后汉之末，不过百余年，周瑜、鲁肃、吕蒙、陆逊等人物，未必无有（晋初的周处，即系南人，还很有武烈之风）。倘使元帝东渡以后，晋朝能多引用这一班人，则除为国家戡乱以外，更加以民族的敌忾心，必有功效可见。然而大权始终为自北南迁的贵族所把持，使宋武帝一类的人物，直到晋末，才得出现于政治舞台之上，这也是一笔很大的损失。

两汉时儒学盛行。儒学是封建时代的产物，颇笃于君臣之义的。两汉时，此项运动，亦颇收到相当的效果。汉末政治腐败，有兵权的将帅，始终不敢背叛朝廷（说本《后汉书·儒林传论》）。以魏武帝的功盖天下，亦始终只敢做周文王（参看《三国志·魏武帝纪》建安十五年注引是年十二月己亥令，这句句都是真话），就是为此。司马氏的成功是狡黠而不知义理的军阀得势（《晋书·宣帝纪》说："明帝时，王导侍坐，帝问前世所以得天下，导乃陈帝创业之始，及文帝末高贵乡公事。明帝以面覆床曰：'若如公言，晋祚复安得长远？'"司马氏之所为可见），自此风气急变。宋、齐、梁、陈之君亦多是如此。加以运祚短促，自不足以致人忠诚之心。门阀用人之习既成，贵游子弟，出身便做好官，富贵吾所自有，朝代变换，这班人却并不更动，遂至"忠君之念已亡，保家之念弥切"（说本《南史·褚渊传论》）。中国人自视其国为天下，国家观念，本不甚发达；政治上的纲纪，还要靠忠君之义维持，而其颓败又如此，政治自更奄奄无生气了。

秦、汉时虽有所谓都尉，调兵和统率之权，是属于太守的。其时所行的是民兵之制，平时并无军队屯聚；一郡的地方太小，亦不足以背叛中央；所以柳宗元说"有叛国而无叛郡"（见其所著《封建论》）。自刺史变为州牧，而地盘始大；即仍称刺史的，其实权亦与州牧无异；郡守亦有执掌兵权的，遂成尾大不掉之势。晋武帝深知其弊，平吴之后，就下令去刺史的兵权，回复其监察之职。然沿袭既久，人心一时难于骤变。平吴之后，不久内乱即起，中央政府，顾不到各地方，仍藉各州郡自行镇压，外重之势遂成，迄南朝不能尽革。

自秦、汉统一之后，国内的兵争既息，用不到人人当兵。若说外征，则因路途弯远，费时失业，人民在经济上的损失太大，于是多用谪发及谪戍。至后汉光武时，省郡国都尉，而民兵之制遂废。国家的强弱，固不尽系乎兵，然若多数人民都受过相当军事的训练，到缓急之际，所表现出来的抵抗力，是不可轻侮的。后汉以来，此条件业经丧失，反因贪一时便利之故，多用降伏的异族为兵，兵权倒持在异族手里，遂成为五胡扰乱的直接原因。

晋初五胡的形势，是如此的：（一）匈奴。散布在并州（即今山西省境内）。（二）羯。史籍上说是匈奴的别种，以居于上党武乡的羯室而得名（在今山西辽县）。案：古书上的"种"字，不是现在所谓种族之义。古书所谓"种"或"种姓"，其意义，与姓氏或氏族相当。羯人有火葬之俗，与氐、羌同，疑系氐、羌与匈奴的混种，其成分且以氐、羌为多。羯室正以羯人居此得名，并非匈奴的一支，因居羯室之地而称"羯"。（三）鲜卑。《后汉书》说东胡为匈奴所破，余众分保乌丸、鲜卑两山，因以为名。事实上，怕亦是山以部族名的。此二山，当在今蒙古东部苏克苏鲁、索岳尔济一带。乌桓在南，鲜卑在北。汉朝招致乌桓，居于上谷、渔阳、右北平、辽西、辽东塞上，以捍御匈奴。后汉时，北匈奴败亡，鲜卑徙居其地。其酋长檀石槐，曾一时控制今蒙古之地，东接夫余（与高句丽同属貉族。其都城，即今吉林的长春县），西至西域。所以乌丸和中国，较为接近，而鲜卑则据地较广。曹操和袁绍相争时，乌丸多附袁绍。袁氏既灭，曹操袭破之于柳城（汉县，今热河凌源县）。乌桓自此式微，而鲜卑则东起辽东，西至今甘肃境内，部族历历散布，成为五胡中人数最多、分布最广的一族。（四）氐。氐人本来是居于武都的（即白马氐之地，今甘肃成县），魏武帝怕被蜀人所利用，把他迁徙到关中。（五）羌。即后汉时叛乱之余。氐、羌都在泾、渭两水流域。当时的五胡大部分是居于塞内的，间或有在塞外的，亦和边塞很为接近。其人亦多散处民间，从事耕织，然犷悍之气未消，而其部族首领，又有野心勃勃，想乘时恢复故业的。一旦啸聚起来，"掩不备之人，收散野之积"（江统《徙戎论》语），其情势，自又非从塞外侵入之比。所以郭钦、江统等要想乘天下初定，用兵力将他们迁回故地。这虽不是民族问题根本解决之方，亦不失为政治上一时措置之策，而晋武帝因循不能用。

第十五章
南北朝的始末

南北朝的对立，起于公元四二〇年宋之代晋，终于公元五八九年隋之灭陈，共一百七十年。其间南北的强弱，以宋文帝的北伐失败及侯景的乱梁为两个重要关键。南朝的治世，只有宋文帝和梁武帝在位时，历时较久。北方的文野，以孝文的南迁为界限，其治乱则以尔朱氏的侵入为关键。自尔朱氏、宇文氏等相继失败后，五胡之族，都力尽而衰，中国就复见盛运了。

宋文帝即位后，把参与废立之谋的徐羡之、傅亮、谢晦等都诛灭。初与其谋而后来反正的檀道济，后亦被杀。于是武帝手里的谋臣勇将，几于靡有孑遗了。历代开国之主，能够戡定大乱、抵御外患的，大抵在政治上、军事上，都有卓绝的天才，此即所谓文武兼资。而其所值的时局，难易各有不同。倘使大难能够及身戡定，则继世者但得守成之主，即可以蒙业而安。如其不然，则非更有文武兼资的人物不可。此等人固不易多得，然人之才力，相去不远，亦不能谓并时必无其人；尤其做一番大事业的人，必有与之相辅之士。倘使政治上无家天下的习惯，开国之主，正可就其中择贤而授，此即儒家禅让的理想，国事实受其益了。无如在政治上，为国为民之义，未能彻底明了，而自封建时代相沿下来的自私其子孙，以及徒效忠于豢养自己的主人的观念，未能打破，而君主时代所谓继承之法，遂因之而立。而权力和意气，都是人所不能不争的，尤其以英雄为甚。同干一番事业的人，遂至不能互相辅助，反要互相残杀，其成功的一个人，传之于其子孙，则都是生长于富贵之中的，好者仅得中主，坏的并不免荒淫昏暴，或者懦弱无用。前人的功业，遂至付诸流水，而国与民亦受其弊。这亦不能不说是文化上的一个病态了。宋初虽失关中，然现在的河南、山东，还是中国之地。宋武帝死后，魏人乘丧南伐，取青、兖、司、豫四州（时青州治广固，兖州治滑台，司州治虎牢，豫州治睢阳。滑台，今河南滑县。虎牢，今河南汜水县。睢阳，今河南商丘县）。此时的魏人，还是游牧民族性质，其文化殊不足观，然其新兴的剽悍之气，却亦未可轻视，而文帝失之于轻敌。四三〇年，遣将北伐，魏人敛兵河北以避之，宋朝得了虎牢、滑台，而不能继续进取，兵力并不足坚守。至冬，魏人大举南下，所得之地复失。文帝经营累年，至四五〇年，又大举北伐。然兵皆白丁，将非材勇，甫进即退。魏太武帝反乘机南伐，至于瓜步（镇名，今江苏六合县），所过之处，赤地无余，至于燕归巢于林木，元嘉之世，本来称为南朝富庶的时代的，经此一役，就元气大伤了，而北强南弱之势，亦于是乎形成。

四五三年，宋文帝为其子劭所弑。劭弟孝武帝，定乱自立。死后，子前废帝无道，为孝武弟明帝所废。孝武帝和明帝都很猜忌，专以屠戮宗室为务。明帝死后，大权遂为萧道成所窃。荆州的沈攸之和宰相袁粲，先后谋诛之，都不克。明帝子后废帝及顺帝，都为其所废。四七九年，道成遂篡宋自立，是为齐高帝，在位四年。子武帝，在位十一年。高、武两帝，都很节俭，政治较称清明。武帝太子早卒，立大孙郁林王，为武帝兄子明帝所废。明帝大杀高、武两帝子孙。明帝死后，子东昏侯立。时梁武帝萧衍刺雍州，其兄萧懿刺豫州。梁武帝兄弟本与齐明帝同党。其时江州刺史陈显达造反，东昏侯使宿将崔慧景讨平之。慧景还兵攻帝，势甚危急，萧懿发兵入援，把他打平。东昏侯反把萧懿杀掉，又想削掉萧衍。东昏侯之弟宝融，时镇荆州，东昏侯使就其长史萧颖胄图之。颖胄奉宝融举兵，以梁武帝为前锋。兵至京城，东昏侯为其下所弑。宝融立，是为和帝，旋传位于梁。此事在五〇二年。

梁武帝在位四十八年，其早年政治颇清明。自宋明帝时和北魏交兵，尽失淮北之地。齐明帝时又失沔北。东昏侯时，因豫州刺史裴叔业降魏，并失淮南（时豫州治寿阳，今安徽寿县）。梁武帝时，大破魏兵于钟离（在今安徽凤阳县），恢复了豫州之地。对外的形势，也总算稳定。然梁武性好佛法，晚年刑政殊废弛。又因太子统早卒，不立嫡孙而立次子简文帝为太子，心不自安，使统诸子出刺大郡，又使自己的儿子出刺诸郡，以与之相参。彼此乖离，已经酝酿着一个不安的形势。而北方侯景之乱，又适于此时发作。

北魏太武帝，虽因割据诸国的不振，南朝的无力恢复，侥幸占据了北方，然其根本之地，实在平城，其视中国，不过一片可以榨取利益之地而已。他还不能自视为和中国一体，所以也不再图南侵。因为其所有的，业已不易消化了。反之，平城附近，为其立国根本之地，却不可不严加维护。所以魏太武帝要出兵征伐柔然、高车，且于北边设立六镇（武川，今绥远武川县。抚冥，在武川东。怀朔，在今绥远五原县。怀荒，在今大同东北察哈尔境内。柔玄，在今察哈尔兴和县。御夷，在今察哈尔沽源县），盛简亲贤，配以高门子弟，以厚其兵力。孝文帝是后魏一个杰出人物。他仰慕中国的文化，一意要改革旧俗。但在平城，终觉得环境不甚适宜。乃于四九三年，迁都洛阳，断北语，改姓氏，禁胡服，奖励鲜卑人和汉人通婚，自此以后，鲜卑人就渐和汉人同化了。然其根本上的毛病，即以征服民族自居，视榨取被征服民族以供享用为当然之事，因而日入于骄奢淫逸，这是不能因文明程度的增进而改变的，而且因为环境的不同，其流于骄奢淫逸更易。论者因见历来的游牧民族同化于汉族之后，即要流于骄奢淫逸，以至失其战斗之力，以为这是中国的文明害了他，摹仿了中国的文明，同时亦传染了中国的文明病。其实他们骄奢淫逸的物质条件，是中国人供给他的，骄奢淫逸的意志，却是他们所自有；而这种意志，又是与其侵略事业，同时并存的，因为他们的侵略，就是他们的生产事业。如此，所以像金世宗等，要禁止他的本族人华化，根本是不可能的。因为不华化，就是要一切生活都照旧，那等于只生产而不消费，经济学上最后的目的安在呢？所以以骄奢淫逸而灭亡，殆为野蛮的侵略民族必然的命运。后魏当日，便是如此。孝文帝传子宣武帝，至孝明帝，年幼，太后胡氏临朝，荒淫纵恣，把野蛮民族的病态，悉数现出。中原之民，苦于横征暴敛，群起叛乱。而六镇将士，因南迁以后，待遇不如旧时，魏朝又怕兵力衰颓，禁其浮游在外，亦激而生变。有一个部落酋长唤作尔朱荣，起而加以镇定。尔朱氏是不曾侵入中原的部族，还保持着犷悍之风。胡太后初为其亲信元乂等所囚，后和明帝合谋，把他们诛灭。又和明帝不协。明帝召尔朱荣入清君侧，已而又止之。胡太后惧，弑明帝。尔朱荣举兵入洛，杀胡太后而立孝庄帝。其部众既劲健，而其用兵亦颇有天才，中原的叛乱，都给他镇定了。然其人起于塞外，缺乏政治手腕，以为只要靠兵力屠杀，就可以把人压服。当其入洛之日，就想做皇帝，乃纵兵士围杀朝士两千余人。居民惊惧，逃入山中，洛阳只剩得一座空城。尔朱荣无可如何，只得退居晋阳，遥执朝权，然其篡谋仍不息。孝庄帝无拳无勇，乃利用宣传为防御的工具。当尔朱荣篡谋急时，孝庄帝就散布他要进京的消息，百姓就逃走一空，尔朱荣只得自止。到后来，看看终非此等手段所能有济了。五三〇年，乃索性召他入朝。孝庄帝自藏兵器于衣内，把他刺死。其侄儿尔朱兆，举兵弑帝，别立一君。此时尔朱氏的宗族，分居重镇，其势力如日中天。然尔朱兆是个鲁莽之夫，其宗族中人，亦与之不协。五三二年，其将高欢起兵和尔朱氏相抗。两军相遇于韩陵（山名，在今河南安阳县），论兵力，尔朱氏是远过于高欢，然因其暴虐过甚，高欢手下的人都齐心死战，而尔朱氏却心力不齐，遂至大败。晋阳失陷，尔朱兆逃至秀容川（在今山西朔县），为高欢所掩杀。其余尔朱氏诸人亦都被扑灭。高欢入洛，废尔朱氏所立，而别立孝武帝。高欢身居晋阳，继承了尔朱荣的地位。孝武帝用贺拔岳为关中大行台，图与高欢相抗。高欢使其党秦州刺史侯莫陈悦杀岳（秦州，今甘肃天水县）。夏州刺史宇文泰攻杀悦（夏州，今陕西横山县），孝武帝即以泰继岳之任。五三四年，孝武帝举兵讨欢，高欢亦自晋阳南下，夹河而军，孝武帝不敢战，奔关中，为宇文泰所弑。于是高欢、宇文泰，各立一君，魏遂分为东西。至五五〇年，而东魏为高欢子洋所篡，是为北齐文宣帝。五五七年，西魏为宇文泰之子觉所篡，是为北周孝闵帝。

当东、西魏分裂后，高欢、宇文泰曾剧战十余年，彼此都不能逞志，而其患顾中于梁。这时候，北方承剧战之后，兵力颇强，而南方武备久废弛，欲谋恢复，实非其时，而梁武帝年老昏耄，却想乘机侥幸，其祸就不可免了。高欢以五四七年死。其将侯景，是专管河南的，虽然野蛮粗鲁，在是时北方诸将中，已经算是狡黠的了。高欢死后，其子高澄，嗣为魏相。侯景不服，遂举其所管之地来降。梁武帝使子渊明往援，为魏所败，渊明被擒。侯景逃入梁境，袭据寿阳。梁朝不能制，旋又中魏人反间之计，想牺牲侯景，与魏言和。侯景遂反，进陷台城（南朝之宫城），梁武帝忧愤而崩，时为五四九年。子简文帝立，五五一年，为侯景所弑。武帝子湘东王绎即位于江陵，是为元帝。时陈武帝陈霸先自岭南起兵勤王。元帝使其与王僧辩分道东下，把侯景诛灭。先是元帝与诸王互相攻击。郢州的邵陵王纶（郢州，今湖北武昌县。纶，武帝子），湘州的河东王誉（誉、督皆昭明太子统之子），皆为所并。襄阳的岳阳王督，则因求救于西魏而得免。至元帝即位后，武陵王纪亦称帝于成都（纪，武帝子），举兵东下。元帝亦求救于西魏，西魏袭陷成都。武陵王前后受敌，遂败死。而元帝又与西魏失和。五五四年，西魏陷江陵，元帝被害。魏人徙岳阳王詧于江陵，使之称帝，而对魏则称臣，是为西梁。王僧辩、陈霸先立元帝之子方智于建康，是为敬帝。而北齐又送渊明回国。王僧辩战败，遂迎立之。陈霸先讨杀僧辩，奉敬帝复位。五五七年，遂禅位于陈。这时候，梁朝骨肉相残，各引异族为助，南朝几至不国。幸得陈武帝智勇足备，卓然不屈，才得替汉族保存了江南之地。

陈武帝即位后，三年而崩。无子，传兄子文帝。文帝死后，弟宣帝，废其子废帝而代之。文、宣两帝，亦可称中主，但南方当丧乱之余，内部又多反侧，所以不能自振。北方则北齐文宣、武成两帝，均极荒淫。武成帝之子纬，尤为奢纵。而北周武帝，颇能励精图治。至五七七年，齐遂为周所灭。明年，武帝死，子宣帝立，又荒淫，传位于子静帝，大权遂入后父杨坚之手。五八一年，坚废静帝自立，是为隋文帝。高齐虽自称是汉族，然其性质实在是胡化了的。隋文帝则勤政恤民，俭于自奉，的确是代表了汉族的文化。自西晋覆亡以来，北方至此才复建立汉人统一的政权。此时南方的陈后主，亦极荒淫。五八九年，为隋所灭。西梁则前两年已被灭。天下复见统一。

两晋、南北朝之世，是向来被看作黑暗时代的，其实亦不尽然。这一时代，只政治上稍形黑暗，社会的文化，还是依然如故。而且正因时局的动荡，而文化乃得为更大的发展。其中关系最大的，便是黄河流域文明程度最高的地方的民族，分向各方面迁移。《汉书·地理志》叙述楚地的生活情形，还说江南之俗，火耕水耨，果蓏蠃蛤，饮食还足，是故呰窳偷生而无积聚，而《宋书·孔季恭传》叙述荆、扬两州的富力，却是"膏腴上地，亩直一金，鄠、杜之间不能比"（鄠，今陕西鄠县。杜，在今陕西长安县南，汉时农业盛地价高之处）；又说："鱼、盐、杞、梓之利，充仞八方，丝棉、布帛之饶，覆衣天下"，成为全国富力的中心了。三国之世，南方的风气，还是很剽悍的，读第十三章所述可见。而自东晋以来，此种风气，亦潜移默化。谈玄学佛，成为全国文化的重心。这是最彰明较著的。其他东北至辽东，西南至交趾，莫不有中原民族的足迹，其有裨于增进当地的文化，亦决非浅鲜，不过不如长江流域的显著罢了。还有一层，陶潜的《桃花源诗》，大家当他是预言，其实这怕是实事。自东汉之末，至于南北朝之世，北方有所谓山胡，南方有所谓山越。听了胡、越之名，似乎是异族蛰居山地的，其实不然。试看他们一旦出山，便可和齐民杂居，服兵役，输赋税，绝无隔阂，便可知其实非异族，而系汉族避乱入山的。此等避乱入山的异族，为数既众，历时又久，山地为所开辟，异族为所同化的，不知凡几，真是拓殖史上的无名英雄了。以五胡论：固然有荒淫暴虐，如石虎、齐文宣、武成之流的，实亦以能服从汉族文化的居其多数。石勒在兵戈之际，已颇能引用士人，改良政治。苻坚更不必说。慕容氏兴于边徼，亦是能慕效中国的文明的。至北魏孝文帝，则已举其族而自化于汉族。北周用卢辩、苏绰，创立法制，且有为隋、唐所沿袭的。这时候的异族，除血统之外，几乎已经说不出其和汉族的异点了。一到隋、唐时代，而所谓五胡，便已泯然无迹，良非偶然。

第十六章
南北朝隋唐间塞外的形势

葱岭以东，西伯利亚以南，后印度半岛以东北，在历史上实自成其为一个区域。这一个区域中，以中国的产业和文化最为发达，自然成为史事的重心。自秦、汉至南北朝，我们可以把他看作一个段落，隋、唐以后，却又是一个新段落了。这一个新段落中，初期的形势，乃是从五胡侵入中原以后逐渐酝酿而成的，在隋、唐兴起以前，实有加以一番检讨的必要。

漠南北之地，对于中国是一个最大的威胁。继匈奴而居其地的为鲜卑。依旧保持完整的只有一个拓跋氏，然亦不过在平城附近。自此以东，则有宇文氏的遗落奚、契丹，此时部落尚小。其余的地方都空虚了。铁勒乃乘机入据。铁勒，异译亦作"敕勒"，即汉时的丁令。其根据地，东起贝加尔湖，西沿西域之北，直抵里海。鲜卑侵入中原后，铁勒蹑之而入漠北。后魏道武帝之兴，自阴山以西，漠南零星的部落，几于尽被吞并。只有一个柔然不服，为魏太武帝所破，逃至漠北，臣服铁勒，藉其众以抗魏。魏太武帝又出兵把他打破。将降伏的铁勒迁徙到漠南。这一支，历史上特称为"高车"，其余则仍称"铁勒"。南北朝末年，柔然又强了。东、西魏和周、齐都竭力敷衍他。后来阿尔泰山附近的突厥强盛，五五二年，柔然为其所破。突厥遂征服漠南北，继承了柔然的地位，依旧受着周、齐的敷衍。

西域对中国，是无甚政治关系的，因为他不能侵略中国，而中国当丧乱之时，亦无暇经营域外之故。两晋、南北朝之世，只有苻坚曾遣吕光去征伐过一次西域，其余都在平和的状态中。但彼此交通仍不绝。河西一带，商业亦盛，这只要看这一带兼用西域的金银钱可知。西域在这时期，脱离了中国和匈奴的干涉，所以所谓三十六国者，得以互相吞并。到隋、唐时，只剩得高昌、焉耆、龟兹、于阗等几个大国。

东北的文明，大略以辽东、西和汉平朝鲜后所设立的四郡为界线。自此以南，为饱受中国文明的貉族。自此以北，则为未开化的满族，汉时称为"挹娄"，南北朝、隋、唐时称为"勿吉"，亦作"靺鞨"。貉族的势力，在前汉时，曾发展到今吉林省的长春附近，建立一个夫余国。后汉时，屡通朝贡。晋初，为鲜卑慕容氏所破。自此渐归渐灭，而辽东、西以北，乃全入鲜卑和靺鞨之手。貉族则专向朝鲜半岛发展。其中一个部落，唤作高句丽的，自中国对东北实力渐衰，遂形成一个独立国。慕容氏侵入中原后，高句丽尽并辽东之地，侵略且及于辽西。其支族又于其南建立一个百济国。半岛南部的三韩，自秦时即有汉人杂居，谓之"秦韩"，后亦自立为国，谓之"新罗"。高句丽最强大。其初新罗、百济，尝联合以御之。后百济转附高句丽，新罗势孤，乃不得不乞援于中国，为隋唐时中国和高句丽、百济构衅的一个原因。

南方海路的交通，益形发达。前、后印度及南洋群岛，入贡于中国的很多。中国是时方热心于佛学，高僧往印度求法，和彼土高僧来中国的亦不少。高句丽、百济亦自海道通南朝。日本当后汉时，其大酋始自通于中国。至东晋以后，亦时向南朝通贡，传受了许多文明。侯景乱后，百济贡使到建康来，见城阙荒毁，至于号恸涕泣，可见东北诸国，对我感情的深厚了。据阿拉伯人所著的古旅行记，说公元一世纪后半，西亚的海船，才达到交趾。公元一世纪后半，为后汉光武帝至和帝之时。其后桓帝延熹九年，当公元一六六年，而大秦王安敦（Marcus Aurelius Antoninus 生于公元一二一年，即后汉安帝建光六年，没于一八〇年，即后汉灵帝光和三年），遣使自日南徼外通中国，可见这记载的不诬。他又说："公元三世纪中叶，中国商船开始西向，从广州到槟榔屿，四世纪至锡兰，五世纪至亚丁，终至在波斯及美索不达米亚独占商权。到七世纪之末，阿拉伯人才与之代兴。"三世纪中叶，当三国之末，七世纪之末，则当唐武后时。这四百五十年之中，可以说是中国人握有东西洋航权的时代了。至于偶尔的交通所及，则还不止此。据《梁书·诸夷传》："倭东北七千余里有文身国，文身国东五千余里有大汉国，大汉国东两万余里有扶桑国。"这扶桑国或说它是现在的库页岛，或说它是美洲的墨西哥，以道里方向核之，似乎后说为近。据《梁书》所载：四九九年，其国有沙门慧深来至荆州，又晋时法显著《佛国记》，载其到印度求法之后，自锡兰东归，行三日而遇大风，十三日到一岛，又九十余日而到耶婆提，自耶婆提东北行，一月余，遇黑风暴雨，凡七十余日，折西北行，十二日而抵长广郡（今山东即墨县）。章炳麟作《法显发见西半球说》，说他九十余日的东行，实陷入太平洋中。耶婆提当在南美。自此向东，又被黑风吹入大西洋中，超过了中国海岸，折向西北，才得归来。衡以里程及时日，说亦可信。法显的东归，在公元四一六年，比哥伦布的发现美洲要早一千零七十七年了。此等偶然的漂泊，和史事是没有多大关系的，除非将来再有发现，知道美洲的开化，中国文化确占其中重要的成分。此时代的关系，在精神方面，自以印度的佛教为最大。在物质方面，则西南洋一带，香药、宝货和棉布等，输入中国的亦颇多。

第十七章
隋朝和唐朝的盛世

北朝的君主，有荒淫暴虐的，也有能励精图治的，前一种代表了胡风，后一种代表了汉化。隋文帝是十足的后一种的典型。他勤于政事，又能躬行节俭。在位时，把北朝的苛捐杂税都除掉，而府库充实，仓储到处丰盈，国计的宽余，实为历代所未有。突厥狃于南北朝末年的积习，求索无厌。中国不能满其欲，则拥护高齐的遗族，和中国为难。文帝决然定计征伐，大破其兵。又离间其西方的达头可汗和其大可汗沙钵略构衅，突厥由是分为东、西。文帝又以宗女妻其东方的突利可汗。其大可汗都蓝怒，攻突利。突利逃奔中国，中国处之夏、胜二州之间（夏州，在今陕西横山县北。胜州，在今绥远鄂尔多斯左翼后旗黄河西岸），赐号为"启民可汗"。都蓝死，启民因隋援，尽有其众，臣服于隋。从南北朝末期以来畏服北狄的心理，至此一变。

隋文帝时代，中国政局，确是好转了的。但是文化不能一时急转，所以还不能没有一些曲折。隋文帝的太子勇，是具有胡化的性质的。其次子炀帝，却又具有南朝君主荒淫猜忌的性质。太子因失欢于文帝后独孤氏被废。炀帝立，以洛阳为东都。开通济渠，使其连接邗沟及江南河。帝乘龙舟，往来于洛阳、江都之间。又使裴矩招致西域诸胡，所过之地，都要大营供帐。又诱西突厥献地，设立西海、河源、鄯善、且末四郡（西海郡，当系青海附近之地。河源郡该在其西南。鄯善、且末，皆汉时西域国名，郡当设于其故地。鄯善国在今罗布泊之南。且末国在车尔成河上），谪罪人以实之。又于六一一、六一三、六一四年，三次发兵伐高句丽，天下骚动，乱者四起。炀帝见中原已乱，无心北归，滞留江都，六一八年，为其下所弑。其时北方的群雄，以河北的窦建德、河南的李密为最大。而唐高祖李渊，以太原留守，于六一七年起兵，西据关中，又平定河西、陇右，形势最为完固。炀帝死后，其将王世充拥众北归，据洛阳。李密为其所败，降唐。又出关谋叛，为唐将所击斩。唐兵围洛阳，窦建德来救，唐兵大败擒之，世充亦降。南方割据的，以江陵的萧铣为最大，亦为唐所灭。江、淮之间，有陈稜、李子通、沈法兴、杜伏威等，纷纷而起，后皆并于杜伏威，伏威降唐。北边群雄，依附突厥的，亦次第破灭。隋亡后约十年，而天下复定。

唐朝自称为西凉李暠之后，近人亦有疑其为胡族的，信否可不必论，民族的特征，乃文化而非血统。唐朝除太宗太子承乾具有胡化的性质，因和此时的文化不相容而被废外，其余指不出一些胡化的性质来，其当认为汉民族无疑了。唐朝开国之君，虽为高祖，然其事业，实在大部分是太宗做的。天下既定之后，其哥哥太子建成和兄弟齐王元吉，要想谋害他，为太宗所杀。高祖传位于太宗，遂开出公元六二七年至六七九年二十三年间的"贞观之治"。历史上记载他的治绩，至于行千里者不赍粮，断死刑岁仅三十九人，这固然是粉饰之谈，然其时天下有丰乐之实，则必不诬的了。隋、唐时的制度，如官制、选举、赋税、兵、刑等，亦都能将前代的制度加以整理。

对外的情势，此时亦开一新纪元。突厥因隋末之乱，复强盛，控弦之士至百万。北边崛起的群雄，都尊奉他，唐高祖初起时亦然，突厥益骄。天下既定，赠遗不能满其欲，就连年入寇，甚至一年三四入，北边几千里，无处不被其患。太宗因其饥馑和属部的离叛，于六三〇年，发兵袭击，擒其颉利可汗。突厥的强盛，本来是靠铁勒归附的。此时铁勒诸部，以薛延陀、回纥为最强。突厥既亡，薛延陀继居其地。六四四年，太宗又乘其内乱加以剪灭。回纥徙居其地，事中国颇谨。在西域，则太宗曾用兵于高昌及焉耆、龟兹，以龟兹、于阗、焉耆、疏勒之地为四镇。在西南，则绥服了今青海地方的吐谷浑。西藏之地，隋时始有女国和中国往来。唐时有一个部落，其先该是从印度迁徙到雅鲁藏布江流域的，是为吐蕃。其英主弃宗弄赞，太宗时始和中国交通，尚宗女文成公主，开西藏佛化的先声。太宗又通使于印度。适值其内乱，使者王玄策调吐蕃和泥婆罗的兵，把他打败。而南方海路交通，所至亦甚广。只有高句丽，太宗自将大兵去伐他，仍未能有功。此乃因自晋以来，东北过于空虚，劳师远攻不易之故。直至六六三、六六八两年，高宗才乘其内乱，把百济和高句丽先后灭掉。突厥西方的疆域，本来是很广的。其最西的可萨部，已和东罗马相接了。高宗亦因其内乱，把它戡定，分置两个都督府，其所辖的羁縻府、州，西至波斯。唐朝对外的声威，至此可谓达于最高峰了。因国威之遐畅，而我国的文化，和别国的文化，就起了交流互织的作用。东北一隅，自高句丽、百济平后，新罗即大注意于增进文化。日本亦屡遣通唐使，带了许多僧侣和留学生来。朝鲜半岛南部和日本的举国华化，实在此时。其余波且及于满族。公元七世纪末年，遂有渤海国的建立，一切制度，都以中国为模范。南方虽是佛化盛行之地，然安南在此时，仍为中国的郡县，替中国在南方留了一个文化的据点。西方则大食帝国勃兴于此时，其疆域东至葱岭。大食在文化上实在是继承希腊，而为欧洲近世的再兴导其先路的。中国和大食，政治上无甚接触，而在文化上则彼此颇有关系。回教的经典和历数等知识，都早经输入中国。就是末尼教和基督教，也是受了回教的压迫，才传播到东方来的。而称为欧洲近世文明之源的印刷术、罗盘针、火药，亦都经中国人直接传入回教国，再经回教国人之手，传入欧洲。

第十八章
唐朝的中衰

　　唐朝对外的威力，以高宗时为极盛，然其衰机亦肇于是时。高宗的性质，是失之于柔懦的。他即位之初，还能遵守太宗的成规，所以永徽之政，史称其比美贞观。六五五年，高宗惑于才人武氏，废皇后王氏而立之。武后本有政治上的才能，高宗又因风眩之故，委任于她，政权遂渐入其手。高句丽、百济及西突厥虽于此时平定，而吐蕃渐强。吐谷浑为其所破，西域四镇亦被其攻陷，唐朝的外患，于是开始。六八三年，高宗崩，子中宗立。明年，即为武后所废，徙之房州（今湖北竹山县），立其弟豫王旦（即后来的睿宗）。六九〇年，又废之，改国号为周，自称则天皇帝。后以宰相狄仁杰之言，召回中宗，立为太子。七〇五年，宰相张柬之等乘武后卧病，结宿卫将，奉中宗复位。自武后废中宗执掌政权至此，凡二十二年，若并其为皇后时计之，则达五十五年之久。武后虽有才能，可是宅心不正。她是一种只计维持自己的权势地位而不顾大局的政治家。当其握有政权之时，滥用禄位，以收买人心；又任用酷吏，严刑峻法，以威吓异己的人，而防其反动；骄奢淫逸的事情，更不知凡几，以致政治大乱。突厥余众复强，其默啜可汗公然雄踞漠南北，和中国对抗。甚至大举入河北，残数十州县。契丹酋长李尽忠亦一度入犯河北，中国不能讨，幸其为默啜所袭杀，乱乃定。因契丹的反叛，居于营州的靺鞨（营州，今热河朝阳县，为唐时管理东北异族的机关），就逃到东北，建立了一个渤海国。此为满族开化之始，中国对东北的声威，却因此失坠了。设在今朝鲜平壤地方的安东都护府，后亦因此不能维持，而移于辽东。高句丽、百济旧地，遂全入新罗之手。西南方面，西域四镇，虽经恢复，青海方面对吐蕃的战事，却屡次失利。中宗是个昏庸之主，他在房州，虽备尝艰苦，复位之后，却毫无觉悟，并不能铲除武后时的恶势力。皇后韦氏专权，和武后的侄子武三思私通，武氏因此复盛。张柬之等反遭贬谪而死。韦后的女儿安乐公主，中宗的婕妤上官婉儿，亦都干乱政治。政界情形的混浊，更甚于武后之时。七一〇年，中宗为韦后所弑。相王旦之子临淄王隆基定乱而立相王，是为睿宗。立隆基为太子。武后的女儿太平公主仍干政，惮太子英明，要想摇动他。幸而未能有成，太平公主被谪，睿宗亦传位于太子，是为玄宗。玄宗用姚崇为相，廓清从武后以来的积弊。又用宋璟及张九龄，亦都称为能持正。自七一三至七四一年，史家称为"开元之治"。

末年，突厥复衰乱，七四四年，乘机灭之；连年和吐蕃苦战，把中宗时所失的河西九曲之地亦收复，国威似乎复振。然自武后已来，荒淫奢侈之习，渐染已深。玄宗初年，虽能在政治上略加整顿，实亦堕入其中而不能自拔。中岁以后，遂渐即怠荒。宠爱杨贵妃，把政事都交给一个奸佞的李林甫。李林甫死后，又用一个善于夤缘的杨国忠。天宝之乱，就无可遏止了。一个团体，积弊深的，往往无可挽回，这大约是历时已久的皇室必要被推翻的一个原因罢。

唐朝的盛衰，以安史之乱为关键。安史之乱，皇室的腐败只是一个诱因，其根源是别有所在的。（一）唐朝的武功从表面看，虽和汉朝相等，其声威所至，或且超过汉朝，但此乃世运进步使然，以经营域外的实力论，唐朝实非汉朝之比。汉武帝时，攻击匈奴，前后凡数十次；以至征伐大宛，救护乌孙，都是仗自己的实力去摧破强敌。唐朝的征服突厥、薛延陀等则多因利乘便，且对外多用蕃兵。玄宗时，府兵制度业已废坏，而吐蕃、突厥都强，契丹势亦渐盛。欲图控制，守御，都不得不加重边兵，所谓藩镇，遂兴起于此时，天下势成偏重。（二）"胡"字本是匈奴的专称，后渐移于一切北族。再后，又因文化的异同易泯，种族的外观难改，遂移为西域白种人的专称（详见拙著《胡考》，在《燕石札记》中，商务印书馆本）。西域人的文明程度，远较北族为高。他们和中国，没有直接的政治关系，所以不受注意。然虽无直接的政治关系，间接的政治关系却是有的，而且其作用颇大。从来北族的盛衰，往往和西胡有关涉。冉闵大诛胡、羯时，史称高鼻多须，颇有滥死，可见此时之胡，已非尽匈奴人。拓跋魏占据北方后，有一个盖吴，起而与之相抗，一时声势很盛，盖吴实在是个胡人（事在公元四四六年，即宋文帝元嘉二十三年，魏太武帝太平真君七年。见《魏书·本纪》和《宋书·索虏传》）。唐玄宗时，北边有康待宾、康愿子相继造反，牵动颇广（事在七二一、七二二年，即玄宗开元九年、十年），康亦是西域姓。突厥颉利的衰亡，史称其信任诸胡，疏远宗族，后来回纥的灭亡亦然，可见他们的沉溺于物质的享受，以致渐失其武健之风，还不尽由于中国的渐染。从反面看，就知道他们的进于盛强，如物质文明的进步，政治、军事组织的改良等，亦必有受教于西胡的了。唐朝对待被征服的异族，亦和汉朝不同。汉朝多使之入居塞内，唐朝则仍留之于塞外，而设立都护府或都督府去管理。所以唐朝所征服的异族虽多，未曾引起杂居内地的异族之患。然环伺塞外的异族既多，当其种类昌炽，而中国政治力量减退时，就不免有被其侵入的危险了。唐末的沙陀，五代时的契丹，其侵入中国，实在都是这一种性质。而安史之乱，就是一个先期的警告。安禄山，《唐书》说他是营州柳城胡。他本姓康，随母嫁虏将安延偃，因冒姓安。安、康都是西域姓。史思明，《唐书》虽说他是突厥种，然其状貌，"鸢肩伛背，廒目侧鼻"，怕亦是一个混血儿。安禄山和史思明都能通六蕃译，为互市郎，可见其兼具西胡和北族两种性质。任用蕃将，本是唐朝的习惯，安禄山遂以一身而兼做了范阳、平卢两镇的节度使（平卢军，治营州。范阳军，治幽州，今北平）。此时安禄山的主要任务，为镇压奚、契丹，他就收用其壮士，名之曰"曳落河"。其军队在当时藩镇之中，大约最为剽悍。目睹玄宗晚年政治腐败，内地守备空虚，遂起觊觎之念。并又求为河东节度使。七五五年，自范阳举兵反。不一月而河北失陷，河南继之，潼关亦不守，玄宗逃向成都。于路留太子讨贼，太子西北走向灵武（灵州，治今宁夏灵州），即位，是为肃宗。安禄山虽有强兵，却无政治方略，诸将亦都有勇无谋，既得长安之后，不能再行进取。朔方节度使郭子仪（朔方军，治灵州），乃得先平河东，就借回纥的兵力，收复两京（长安、洛阳）。安禄山为其子庆绪所杀。九节度之师围庆绪于邺。因号令不一，久而无功。史思明既降复叛，自范阳来救，九节度之师大溃。思明杀庆绪，复陷东京。李光弼与之相持。思明又为其子朝义所杀。唐朝乃得再借回纥之力，将其打平。此事在七六二年。其时肃宗已死，是代宗的元年了。安史之乱首尾不过八年，然对外的威力自此大衰，内治亦陷于紊乱，唐朝就日入于衰运了。

第十九章

唐朝的衰亡和沙陀的侵入

　　自从七五五年安史之乱起，直到九○七年朱全忠篡位为止，唐朝一共还有了一百五十二年的天下。在这一个时期中，表面上还维持着统一，对外的威风亦未至于全然失坠，然而自大体言之，则终于日入于衰乱而不能够复振了。

　　因安史之乱而直接引起的，是藩镇的跋扈。唐朝此时兵力不足，平定安史，颇借回纥的助力。铁勒仆骨部人仆固怀恩，于引用回纥颇有功劳，亦有相当的战功。军事是要威克厥爱的，一个战将，没有人能够使之畏服，便不免要流于骄横，何况他还是一个蕃将呢？他要养寇自重，于是昭义、成德、天雄、卢龙诸镇（昭义军，治相州，今河南安阳县。成德军，治恒州，今河北正定县。天雄军，治魏州，今河北大名县。卢龙军，即范阳军），均为安史遗孽所据，名义上虽投降朝廷，实则不奉朝廷的命令。唐朝自己所设的节度使，也有想学他们的样子，而且有和他们互相结托的。次之则为外患的复兴。自玄宗再灭突厥后，回纥占据其地。因有助平安史之功，骄横不堪。而吐蕃亦乘中国守备空虚，尽陷河西、陇右，患遂中于京畿。又云南的南诏（"诏"为蛮语"王"之称，当时，今云南、西康境有六诏：曰蒙巂诏，在今西康西昌县。曰越析诏，亦称"磨些诏"，在今云南丽江县。曰浪穹诏，在今云南洱源县。曰邆睒诏，在今云南邓川县。曰施浪诏，在洱源县之东。曰蒙舍诏，在今云南蒙化县。地居最南，亦称"南诏"。余五诏皆为所并），天宝时，杨国忠与之构兵，南诏遂投降吐蕃，共为边患，患又中于西川。

七七九年，代宗崩，子德宗立，颇思振作。此时昭义已为天雄所并，卢龙亦因易帅恭顺朝廷，德宗遂因成德的不肯受代，发兵攻讨。成德和天雄、平卢连兵拒命。山南东道（治襄州，今湖北襄阳县）亦叛与相应，德宗命淮西军讨平之（淮西军，治蔡州，今河南汝南县）。攻三镇未克，而淮西、卢龙复叛，再发泾原兵东讨（泾原军，治泾州，今甘肃泾川县），过京师，因赏赐菲薄作乱。德宗出奔奉天（唐县，今陕西武功县）。乱军奉朱泚为主，大举进攻。幸得浑瑊力战，河中李怀光入援（河中军，治蒲州，今山西永济县），奉天才未被攻破。而李怀光因和宰相卢杞不合，又反。德宗再逃到梁州（今陕西南郑县），听了陆贽的话，赦诸镇的罪，专讨朱泚，才得将京城收复，旋又打平了河中。然其余的事，就只好置诸不问了。德宗因屡遭叛变，不敢相信臣下，回京之后，使宦官带领神策军。这时候，神策军饷犒优厚，诸将多自愿隶属，兵数骤增至十五万，宦官就从此握权。八〇五年，德宗崩，子顺宗立。顺宗在东宫时，即深知宦官之弊。即位后，用东宫旧臣王叔文等，想要除去宦官。然顺宗在位仅八个月，即传位于子宪宗，王叔文等都遭斥逐，其系为宦官所逼，不言而喻了。宪宗任用裴度，削平了淮西，河北三镇亦惧而听命，实为中央挽回威信的一个良机。然宪宗死后，穆宗即位，宰相以为河北已无问题，对善后事宜，失于措置，河北三镇，遂至复叛，终唐之世，不能削平了。穆宗崩，敬宗立，为宦官刘克明所弑。宦官王守澄讨贼而立文宗。文宗初用宋申锡为宰相，与之谋诛宦官，不克。后又不次擢用李训、郑注，把王守澄毒死。郑注出镇凤翔（凤翔军，治凤翔府，今陕西凤翔县），想选精兵进京送王守澄葬，因此把宦官尽数杀掉。不知何故，李训在京城里，又诈称某处有甘露降，想派宦官往看，因而杀掉他们。事机不密，反为宦官所杀。郑注在凤翔，亦被监军杀掉。文宗自此受制于宦官，几同傀儡。相传这时候，有一个翰林学士，唤作崔慎由。曾缘夜被召入宫。有一班宦官，以仇士良为首，诈传皇太后的意旨，要他拟废掉文宗的诏书，崔慎由誓死不肯。宦官默然良久，乃开了后门，把崔慎由引到一个小殿里。文宗正在殿上，宦官就当面数说他。文宗低头不敢开口。宦官道："不是为了学士，你就不能再坐这宝位了。"于是放崔慎由出宫，叮嘱他不许泄漏，泄漏了是要祸及宗族的。崔慎由虽然不敢泄漏，却把这件事情密记下来，临死时交给他的儿子。他的儿子便是唐末的宰相崔胤。文宗死后，弟武宗靠着仇士良之力，杀太子而自立。武宗能任用李德裕，政治尚称清明。宣宗立，尤能勤于政事，人称之为"小太宗"。然于宦官，亦都无可如何。宣宗死后，子懿宗立。八六八年，徐、泗卒戍桂州者作乱（徐州，今江苏铜山县。泗州，今安徽泗县。桂州，今广西桂林县），用沙陀兵讨平之，沙陀入据中原之祸，遂于是乎开始。

唐朝中叶后的外患，最严重的是回纥、吐蕃，次之则南诏。南诏的归服吐蕃，本出于不得已，吐蕃待之亦甚酷。九世纪初，韦皋为西川节度使，乃与之言和，共击吐蕃，西南的边患，才算解除（西川军，治成都，今四川成都县。后来南诏仍有犯西川之事，并曾侵犯安南，但其性质，不如和吐蕃结合时严重）。八四〇年，回纥为黠戛斯所破，遽尔崩溃。吐蕃旋亦内乱。八四九年，中国遂克复河、湟。河西之地亦来归。三垂的外患，都算靠天幸解除了。然自身的纲纪不振，沙陀突厥遂至能以一个残破的部落而横行中国。

沙陀是西突厥的别部，名为"处月"（朱邪，即"处月"之异译）。西突厥亡后，依北庭都护府以居（今新疆迪化县）。其地有大碛名"沙陀"，故称为"沙陀突厥"。河西、陇右既陷，安西、北庭（安西都护府，治龟兹），朝贡路绝，假道回纥，才得通到长安。回纥因此需索无厌。

沙陀苦之，密引吐蕃陷北庭。久之，吐蕃又疑其暗通回纥，想把他迁到河外。沙陀乃又投奔中国。吐蕃追之，且战且走。三万部落之众，只剩得两千到灵州。节度使范希朝以闻，诏处其众于盐州（今宁夏盐池县北）。后来范希朝移镇河东（治太原府，今山西太原县），沙陀又随往，居于现在山阴县北的黄瓜堆。希朝简其精锐的为沙陀军。沙陀虽号称突厥，其形状，据史籍所载，亦是属于白种人的。既定徐、泗之乱，其酋长朱邪赤心，赐姓名为李国昌，镇守大同（治云州，今山西大同县），就有了一个地盘了。八七三年，懿宗崩，子僖宗立。年幼，信任宦官田令孜。时山东连年荒歉。八七五年，王仙芝起兵作乱，黄巢聚众应之。后来仙芝被杀，而黄巢到处流窜。从现在的河南打到湖北，沿江东下，经浙东入福建，到广东。再从湖南、江西、安徽打回河南，攻破潼关。田令孜挟僖宗走西川。黄巢遂入长安，时为八八〇年。当黄巢横行时，藩镇都坐视不肯出兵剿讨。京城失陷之后，各路的援兵又不肯进攻。不得已，就只好再借重沙陀。先是李国昌移镇振武（治单于都护府，今绥远和林格尔县），其子李克用叛据大同，为幽州兵所败，父子都逃入鞑靼（居阴山）。这时候，国昌已死，朝廷乃赦李克用的罪，召他回来，打败黄巢，收复长安。李克用镇守河东，沙陀的根据地更深入腹地了。

黄巢既败，东走攻蔡州。蔡州节度使秦宗权降之。后来黄巢被李克用追击，为其下所杀，而宗权转横，其残虐较黄巢为更甚。河南、山东被其剽掠之处，几于无复人烟。朝廷之上，宦官依然专横。关内一道，亦均为军人所盘踞。其中华州的韩建、邠州的王行瑜（镇国军，治华州，今陕西华县。邠宁军，治邠州，今陕西邠县）、凤翔的李茂贞尤为跋扈，动辄违抗命令，胁迫朝廷，遂更授沙陀以干涉的机会。

在此情势之下，汉民族有一个英雄，能够和沙陀抵抗的，那便是朱全忠。全忠本名温，是黄巢的将，巢败后降唐，为宣武节度使（治汴州，今河南开封县）。初年兵力甚弱，而全忠智勇足备，先扑灭了秦宗权，渐并今河南、山东之地，又南取徐州，北服河北三镇，西并河中，取义武（义武军，治定州，今河北定县），又取泽、潞（泽州，今山西晋城县。潞州，今山西长子县）及邢、洺、磁诸州（邢州，今河北邢台县。洺州，今河北永年县。磁州，今河北磁县）。河东的形势，就处于其包围之中了。僖宗死于八八八年，弟昭宗立，颇为英武。然其时的事势，业已不能有为。此时朝廷为关内诸镇所逼，大都靠河东解围。然李克用是个无谋略的人，想不到挟天子以令诸侯。虽然击杀了一个王行瑜，关内的问题还是不能解决。朱全忠其初是不问中央的事务，一味扩充自己的实力的。到十世纪初年，全忠的势力已经远超出乎李克用之上了。唐朝的宰相崔胤，乃结合了他，以谋宦官。宦官见事急，挟昭宗走凤翔。全忠围凤翔经年，李茂贞不能抗，只得把皇帝送出，同朱全忠讲和。

昭宗回到京城，就把宦官悉行诛灭。唐朝中叶后的痼疾，不是藩镇，实在是宦官。因为唐朝的藩镇，并没有敢公然背叛，或者互相攻击，不过据土自专，更代之际，不听命令而已。而且始终如此的，还不过河北三镇。倘使朝廷能够振作，实在未尝不可削平。而唐朝中叶后的君主，如顺宗、文宗、武宗、宣宗、昭宗等，又都未尝不可与有为。其始终不能有为，则全是因被宦官把持之故。事势至此，已非用兵力铲除，不能有别的路走了。一个集团当其恶贯满盈，走向灭亡之路时，在它自己，亦是无法拔出泥淖的。

宦官既亡，唐朝亦与之同尽。九〇三年，朱全忠迁帝于洛阳，弑之而立其子昭宣帝。至九〇七年，遂废之而自立，是为梁太祖。此时海内割据的：淮南有杨行密，是为吴。两浙有钱镠，是为吴越。湖南有马殷，是为楚。福建有王审知，是为闽。岭南有刘岩，是为南汉。剑南有王建，是为前蜀。遂入于五代十国之世。

第二十章
五代十国的兴亡和契丹的侵入

凡内争，是无有不引起外患的，沙陀的侵入，就是一个例。但沙陀是整个部族侵入中国的，正和五胡一样。过了几代之后，和汉族同化了，他的命运也就完了。若在中国境外，立有一国，以国家的资格侵入，侵入之后，其本国依然存在的，则其情形自又不同。自八四〇年顷回纥崩溃后，漠南北遂无强部，约历七十年而契丹兴。契丹，大约是宇文氏的遗落，其居中国塞外，实已甚久。但当六世纪初，曾遭到北齐的一次袭击，休养生息，到隋时元气才渐复。七世纪末，又因李尽忠的反叛而大遭破坏，其后又和安禄山相斗争。虽然契丹也曾打过一两次胜仗，然其不得安息，总是实在的。唐朝管理东北方最重要的机关是营州都督府，中叶后业已不能维持其威力，但契丹仍时时受到幽州的干涉，所以他要到唐末才能够兴起。契丹之众，是分为八部的。每部有一个大人。八个大人之中，公推一人司旗鼓。到年久了，或者国有疾疫而畜牧衰，则另推一个大人替代。他亦有一个共主，始而是大贺氏，后来是遥辇氏，似乎仅有一个虚名。他各部落间的联结，大概是很薄弱的，要遇到战斗的事情，才能互相结合，这或者也是他兴起较晚的一个原因。内乱是招引外族侵入中国的，又是驱逐本国人流移到外国去的。这种事情，在历史上已经不知有过若干次。大抵（一）外国的文明程度低而人数少，而我们移殖的人数相当多时，可以把他们完全同化。（二）在人数上我们比较很少，而文明程度相去悬绝时，移殖的人民，就可在他们的部落中做蛮夷大长。（三）若他们亦有相当的程度，智识技术上，虽然要请教于我，政治和社会的组织，却决不容以客族侵入而握有权柄的，则我们移殖的人民，只能供他们之用，甚至造成了他们的强盛，而我们传授给他的智识技术，适成为其反噬之用。时间是进步的良友。一样的正史四裔传中的部族，名称未变，或者名称虽异而统系可寻，在后一代，总要比前一代进步些。所以在前代，中国人的移殖属于前两型的居多，到近世，就多属于后一种了，这是不可以不懔然的，而契丹就是一个适例。契丹太祖耶律阿保机，据《五代史》说，亦是八部大人之一。当公元十世纪之初，幽州刘守光暴虐，中国人逃出塞的很多。契丹太祖都把他们招致了去，好好地抚慰他们，因而跟他们学得了许多知识，经济上和政治组织上都有进步了，就以计诱杀八部大人，不再受代。九一六年，并废遥辇氏而自立。这时候，漠南北绝无强部，他遂得纵横如意。东北灭渤海，服室韦，西南服党项、吐谷浑，直至河西回鹘。《辽史》中所列，他的属国，有四五十部之多。

梁太祖的私德，是有些缺点的，所以从前的史家，对他的批评，多不太好。然而私德只是私德，社会的情形复杂了，论人的标准，自亦随之而复杂，政治和道德、伦理，岂能并为一谈？就篡弑，也是历代英雄的公罪，岂能偏责一人？老实说：当大局阽危之际，只要能保护国家、抗御外族、拯救人民的，就是有功的政治家。当一个政治家要尽他为国为民的责任，而前代的皇室成为其障碍物时，岂能守小信而忘大义？在唐、五代之际，梁太祖确是能定乱和恤民的，而历来论者，多视为罪大恶极，甚有反偏袒后唐的，那就未免不知民族的大义了。惜乎天不假年，梁太祖篡位后仅六年而遇弑。末帝定乱自立，柔懦无能，而李克用死后，其子存勖袭位，颇有英锐之气。梁、晋战争，梁多不利。河北三镇及义武，复入于晋。九二三年，两军相持于郓州（今山东东平县），晋人乘梁重兵都在河外，以奇兵径袭大梁，末帝自杀，梁亡。存勖是时已改国号为唐，于是定都洛阳，是为后唐庄宗。中原之地，遂为沙陀所占据。后唐庄宗，本来是个野蛮人，灭梁之后，自然志得意满。于是纵情声色，宠爱伶人，听信宦官，政治大乱。九二五年，使宰相郭崇韬傅其子魏王继岌伐前蜀，把前蜀灭掉。而刘皇后听了宦官的话，疑心郭崇韬要不利于魏王，自己下命令给魏王，叫他把郭崇韬杀掉。于是人心惶骇，谣言四起。

天雄军据邺都作乱。庄宗派李克用的养子李嗣源去征伐，李嗣源的军队也反了，胁迫李嗣源进了邺城。嗣源用计，得以脱身而出，旋又听了女婿石敬瑭的话，举兵造反。庄宗为伶人所弑。嗣源立，是为明宗。明宗年事较长，经验亦较多，所以较为安静。九三三年，明宗死，养子从厚立，是为闵帝。时石敬瑭镇河东，明宗养子从珂镇凤翔，闵帝要把他们调动，从珂举兵反。闵帝派出去的兵，都倒戈投降。闵帝出奔被杀。从珂立，是为废帝。又要调动石敬瑭，敬瑭又反。废帝鉴于闵帝的失败，是预备了一个不倒戈的张敬达，然后发动的，就把石敬瑭围困起来。敬瑭乃派人到契丹去求救，许割燕、云十六州之地（幽州、云州已见前。蓟州，今河北蓟县。瀛州，今河北河间县。莫州，今河北肃宁县。涿州，今河北涿县。檀州，今河北密云县。顺州，今河北顺义县。新州，今察哈尔涿鹿县。妫州，今察哈尔怀来县。儒州，今察哈尔延庆县。武州，今察哈尔宣化县。应州，今山西应县。寰州，今山西马邑县。朔州，今山西朔县。蔚州，今察哈尔蔚县）。他手下的刘知远劝他：只要赂以金帛，就可如愿，不可许割土地，以遗后患。敬瑭不听。此时契丹太祖已死，次子太宗在位，举兵南下，反把张敬达围困起来，废帝不能救。契丹太宗和石敬瑭南下，废帝自焚死。敬瑭定都于大梁，是为晋高祖，称臣割地于契丹。九四二年，晋高祖死，兄子重贵立，是为出帝。听了侍卫景延广的话，对契丹不复称臣，交涉亦改强硬态度。

此时契丹已改国号为"辽"。辽兵南下，战事亦互有胜负。但石晋国力疲敝，而勾通外敌，觊觎大位之例已开，即不能禁人的不效尤。于是晋将杜重威降辽，辽人入大梁，执出帝而去，时在九四六年。辽太宗是个粗人，不懂得政治的，既入大梁，便派人到各地方搜括财帛。又多派他的亲信到各地方去做刺史，汉奸附之以虐民。辽人的行军，本来是不带粮饷的，大军中另有一支军队，随处剽掠以自给，谓之"打草谷军"，入中国后还是如此。于是反抗者四起。辽太宗无如之何，只得弃汴梁而去，未出中国境而死。太宗本太祖次子，因皇后述律氏的偏爱而立。其兄突欲（汉名倍），定渤海后封于其地，谓之"东丹王"。东丹王奔后唐，辽太宗入中国时，为晋人所杀，述律后第三子李胡，较太宗更为粗暴，辽人怕述律后要立他，就军中拥戴了东丹王的儿子，是为世宗。李胡兴兵拒战，败绩。世宗在位仅四年，太宗之子穆宗继立，沉湎于酒，政治大乱，北边的风云，遂暂告宁静。此时侵入中国的，幸而是辽太宗，倘使是辽太祖，怕就没有这么容易退出去了。

契丹虽然退出，中原的政权，却仍落沙陀人之手。刘知远入大梁称帝，是为后汉高祖。未几而死，子隐帝立。九五〇年，为郭威所篡，是为后周太祖。中原的政权，始复归于汉人。后汉高祖之弟旻，自立于太原，称侄于辽，是为"北汉"，亦称"东汉"。后周太祖立四年而死，养子世宗立。北汉乘丧来伐，世宗大败之于高平（今山西高平县）。先是吴杨行密之后，为其臣李昇所篡，改国号为唐，是为南唐，并有江西之地，疆域颇广。而后唐庄宗死后，西川节度使孟知祥攻并东川而自立，是为后蜀。李昇之子璟，乘闽、楚之衰，将其吞并，意颇自负；孟知祥之子昶，则是一个昏愚狂妄之人；都想交结契丹，以图中原，世宗要想恢复燕、云，就不得不先膺惩这两国。唐代藩镇之弊，总括起来，是"地擅于将，将擅于兵"八个字。一地方的兵甲、财赋，固为节度使所专，中央不能过问。节度使更代之际，也至少无全权过问，或竟全不能过问。然节度使对于其境内之事，亦未必能全权措置，至少是要顾到其将校的意见，或遵循其军中的习惯的。尤其当更代之际，无论是亲子弟，或是资格相当的人，也必须要得到军中的拥戴，否则就有被杀或被逐的危险。节度使如失众心，亦会为其下所杀。又有野心的人，煽动军队，饵以重赏，推翻节度使而代之的。此等军队，真乃所谓骄兵。凡兵骄，则对外必不能作战，而内部则被其把持，一事不可为，甚且纲纪全无，变乱时作。唐中叶以后的藩镇，所以坐视寇盗的纵横而不能出击；明知强邻的见逼，也只得束手坐待其吞并；一遇强敌，其军队即土崩瓦解；其最大的原因，实在于此。这是非加以彻底的整顿，不足以有为的。周世宗本就深知其弊，到高平之战，军队又有兵刃未接，而望风解甲的，乃益知其情势的危险。于是将禁军大加裁汰，又令诸州募兵，将精强的送至京师，其军队乃焕然改观，而其政治的清明，亦足以与之相配合，于是国势骤张。先伐败后蜀，又伐南唐，尽取江北之地。九五九年，遂举兵伐辽，恢复了瀛、莫、易三州，直逼幽州。此时正值契丹中衰之际，倘使周世宗不死，燕、云十六州，是很有恢复的希望的，以后的历史，就全然改观了。惜乎世宗在途中遇疾，只得还军，未几就死了。嗣子幼弱，明年，遂为宋太祖所篡。

宋太祖的才略，亦和周世宗不相上下，或者还要稳健些。他大约知道契丹是大敌，燕、云一时不易取，即使取到了，也非有很重的兵力不能守的，而这时候割据诸国，非弱即乱，取之颇易，所以要先平定了国内，然后厚集其力以对外。从梁亡后，其将高季兴据荆、归、峡三州自立（荆州，今湖北江陵县。归州，今湖北秭归县。峡州，今湖北西陵县），是为南平。而楚虽为唐所灭，朗州亦旋即独立（朗州，今湖南常德县）。九六二年，宋太祖因朗州和衡州相攻击（衡州，今湖南衡山县），遣人来求救，遣兵假道南平前往，把南平和朗州都破掉（衡州先已为朗州所破）。九六五年，遣兵灭后蜀。九七一年，遣兵灭南汉。九七五年，遣兵灭南唐。是年，太祖崩，弟太宗立。九七八年，吴越纳土归降。明年，太宗遂大举灭北汉。于是中国复见统一。自九〇七年朱梁篡唐至此，共计七十二年。若从八八〇年僖宗奔蜀，唐朝的中央政权实际崩溃算起，则适得一百年。

第二十一章
唐宋时代中国文化的转变

　　两个民族的竞争，不单是政治上的事。虽然前代的竞争，不像现代要动员全国的人力和物力，然一国政治上的趋向，无形中总是受整个社会文化的指导的。所以某一民族，在某一时代中，适宜于竞争与否，就要看这一个民族，在这一个时代中文化的趋向。

　　在历史上，最威胁中国的是北族。他们和中国人的接触，始于公元前四世纪秦、赵、燕诸国与北方的骑寇相遇，至六世纪之末五胡全被中国同化而告终结，历时约一千年。其第二批和中国的交涉，起于四世纪后半铁勒侵入漠南北，至十世纪前半沙陀失却在中国的政权为止，历时约六百年。从此以后，塞外开发的气运，暂向东北，辽、金、元、清相继而兴。其事起于十世纪初契丹的盛强，终于一九一一年中国的革命。将来的史家，亦许要把他算到现在的东北问题实际解决时为止，然为期亦必不远了。这一期总算起来，为时亦历千余年。这三大批北族，其逐渐移入中国，而为中国人所同化，前后相同。唯第一、第二期，是以被征服的形式移入的，至第三期，则系以征服的形式侵入。

经过五胡和沙陀之乱，中国也可谓受到相当的创痛了。但是以中国之大，安能就把这个看作很大的问题。在当时中国人的眼光里，北族的侵入，还只是治化的缺陷，只要从根本上把中国整顿好了，所谓夷狄，自然不成问题。这时代先知先觉者的眼光，还是全副注重于内部，民族的利害冲突，虽不能说没有感觉，民族主义却未能因此而发皇。

虽然如此，在唐、宋之间，中国的文化，也确是有一个转变的。这个转变是怎样呢？

中国的文化，截至近世受西洋文化的影响以前，可以分作三个时期：第一期为先秦、两汉时代的诸子之学。第二期为魏、晋、南北朝、隋、唐时代的玄学和佛学。第三期为宋、元、明时代的理学。这三期，恰是一个正、反、合。

怎样说这三期的文化，是一个辩证法的进化呢？原来先秦时代的学术，是注重于矫正社会的病态的，所谓"拨乱世，反之正"，实不仅儒家，而为各家通有的思想。王莽变法失败以后，大家认为此路不通，而此等议论，渐趋消沉。魏、晋以后，文化乃渐转向，不向社会而向个人方面求解决。他们所讨论的，不是社会的组织如何，使人生于其间，能够获得乐利，可以做个好人，而是人性究竟如何？是好的？是坏的？用何法，把坏人改作好人，使许多好人聚集，而好的社会得以实现？这种动机，确和佛教相契。在这一千年中，传统的儒家，仅仅从事于笺疏，较有思想的人，都走入玄学和佛学一路，就是其明证。但其结果却是怎样呢？显然的，从个人方面着想，所能改良的，只有极小一部分，合全体而观之，依然无济于事。而其改善个人之法，推求到深刻之处，就不能不偏重于内心。工夫用在内心上的多，用在外务上的，自然少了。他们既把社会看作各个分子所构成；社会的好坏，原因在于个人的好坏，而个人的好坏，则源于其内心的好坏；如此，社会上一切问题，自然都不是根本。而他们的所谓好，则实和此世界上的生活不相容，所以他们最彻底的思想，是要消灭这一个世界。明知此路不通，则又一转变而认为现在的世界就是佛国；只要心上觉悟，一切行为虽和俗人一样，也就是圣人。这么一来，社会已经是好的了，根本用不着改良。这两种见解，都是和常识不相容的，都是和生活不相合的。凡是和生活不相合的，凭你说得如何天花乱坠，总只是他们所谓"戏论"，总要给大多数在常识中生活的人所反对，而事情一到和大多数人的生活相矛盾，就是他的致命伤。物极必反，到唐朝佛学极盛时，此项矛盾，业经开始发展了，于是有韩愈的辟佛。他的议论很粗浅，不过在常识范围中批评佛说而已，到宋儒，才在哲学上取得一个立足点。宋学从第十一世纪的中叶起，到第十七世纪的中叶止，支配中国的思想界，约六百年。他们仍把社会看作是各分子所构成的，仍以改良个人为改良社会之本；

要改良个人，还是注重在内心上，这些和佛学并无以异。所不同的，则佛家认世界的现状，根本是坏的，若其所谓好的世界而获实现，则现社会的组织，必彻底被破坏，宋学则认现社会的组织，根本是合理的，只因为人不能在此组织中，各处于其所当处的地位，各尽其所应尽的责任，以致不好。而其所认为合理的组织，则是一套封建社会和农业社会中的道德、伦理和政治制度。在商业兴起，广大的分工合作日日在扩充，每一个地方自给自足的规模，业已破坏净尽，含有自给自足性质的大家族，亦不复存在之时，早已不复适宜了。宋儒还要根据这一个时代的道德、伦理和政治制度，略加修改，制成一种方案，而强人以实行，岂非削足适履？岂非等人性于杞柳，而欲以为杯棬？所以宋儒治心的方法，是有很大的价值的，而其治世的方法，则根本不可用。不过在当时，中国的思想界，只能在先秦诸子和玄学、佛学两种思想中抉择去取，融化改造，是只能有这个结果的，而文化进化的趋向，亦就不得不受其指导。在君主专制政体下，政治上的纲纪所恃以维持的，就是所谓君臣之义。这种纲纪，是要秩序安定，人心也随着安定，才能够维持的。到兵荒马乱，人人习惯于裂冠毁裳之日，就不免要动摇了。南北朝之世，因其君不足以为君，而有"殉国之感无因，保家之念宜切"的贵族，第十四章中，业经说过。到晚唐、五代之世，此种风气，又盛行了。于是既有历事五朝，而自称"长乐老"以鸣其得意的冯道，又有许多想借重异族，以自便私图的杜重威。由今之道，无变今之俗，如何可以一朝居？所以宋儒要竭力提倡气节。经宋儒提倡之后，士大夫的气节，确实是远胜于前代。但宋儒（一）因其修养的工夫，偏于内心，而处事多疏。（二）其持躬过于严整，而即欲以是律人，因此，其取人过于严格，而有才能之士，皆为其所排斥。（三）又其持论过高，往往不切于实际。（四）意气过甚，则易陷于党争。党争最易使人动于感情，失却理性，即使宅心公正，也不免有流弊，何况党争既启，哪有个个人都宅心公正之理？自然有一班好名好利、多方掩饰的伪君子，不恤决裂的真小人混进去。到争端扩大而无可收拾，是非淆乱而无从辨别时，就真有宅心公正、顾全大局的人，也苦于无从措手了。所以宋儒根本是不适宜于做政治事业的。若说在社会上做些自治事业，宋儒似乎很为相宜。宋儒有一个优点，他们是知道社会上要百废俱举，尽其相生相养之道，才能够养生送死无憾，使人人各得其所的。他们否认“治天下不如安天下，安天下不如与天下安”的苟简心理，这一点，的确是他们的长处。但他们所以能如此，乃是读了经书而然。而经书所述的，乃是古代自给自足，有互助而无矛盾的社会所留遗，到封建势力逐渐发展时，此等组织，就逐渐破坏了。宋儒不知其所主张的道德、伦理、政治制度，正和这一种规制相反，却要借其所主张的道德、伦理和政治制度之力，以达到这一个目的。其极端的，遂至要恢复井田封建。平易一些的，亦视智愚贤不肖为自然不可泯的阶级，一切繁密的社会制度，还是要以士大夫去指导着实行，而其所谓组织，亦仍脱不了阶级的对立。所以其结果，还是打不倒土豪劣绅，而宋学家，特如其中关学一派，所草拟的极详密的计划，以极大的热心去推行，终于实现的寥若晨星，而且还是昙花一现。这时候，外有强敌的压迫，最主要的事务，就是富国强兵，而宋儒却不能以全力贯注于此。最需要的，是严肃的官僚政治，而宋学家好作诛心之论，而忽略形迹；又因党争而淆乱是非，则适与之相反。宋学是不适宜于竞争的，而从第十一世纪以来，中国的文化，却受其指导，那无怪其要迭招外侮了。

第二十二章
北宋的积弱

五代末年，偏方割据诸国，多微弱不振。契丹则是新兴之国，气完力厚的，颇不容易对付，所以宋太祖要厚集其力以对付它。契丹的立国，是合部族、州县、属国三部分而成的。属国仅有事时量借兵粮，州县亦仅有益于财赋（辽朝的汉兵，名为"五京乡丁"，只守卫地方，不出战），只有部族，是契丹立国的根本，这才可以真正算是契丹的国民。他们都在指定的地方，从事于畜牧。举族皆兵，一闻令下，立刻聚集，而且一切战具，都系自备。马既多，而其行军又不带粮饷，到处剽掠自资（此即所谓"打草谷"），所以其兵多而行动极速。周世宗时，正是契丹中衰之会，此时却又兴盛了（辽唯穆宗最昏乱。九六九年，被弑，景宗立，即复安。九八三年，景宗死，圣宗立。年幼，太后萧氏同听政。圣宗至一〇三〇年乃死，子兴宗立，一〇五四年死。圣宗时为辽全盛之世。兴宗时尚可蒙业而安，兴宗死，子道宗立，乃衰）。宋朝若要以力服契丹，非有几十万大兵，能够连年出征，攻下了城能够守，对于契丹地方，还要能加以破坏扰乱不可。这不是容易的事，所以宋太祖不肯轻举。而太宗失之轻敌，灭北汉后，不顾兵力的疲敝，立刻进攻。于是有高梁河之败（在北平西）。至九八五年，太宗又命将分道北伐，亦不利。而契丹反频岁南侵。自燕、云割弃后，山西方面，还有雁门关可守，河北方面，徒恃塘泺以限戎马，是可以御小敌，而不足以御大军的。契丹大举深入，便可直达汴梁对岸的大名，宋朝受威胁殊甚。一〇〇四年，辽圣宗奉其母入寇，至澶州（今河北濮阳县）。真宗听了宰相寇准的话，御驾亲征，才算把契丹吓退。然毕竟以岁币成和（银十万两，绢二十万匹）。宋朝开国未几，国势业已陷于不振了。

假使言和之后，宋朝能够秣马厉兵，以伺其隙，契丹是个浅演之国，他的强盛必不能持久，亦未必无隙可乘。宋朝却怕契丹启衅，伪造天书，要想愚弄敌人（宋朝伪造天书之真意在此，见《宋史·真宗本纪论》）。敌人未必被愚弄，工于献媚和趁风打劫、经手侵渔的官僚，却因此活跃了。斋醮、宫观，因此大兴，财政反陷于竭蹶。而西夏之乱又起。唐朝的政策，虽和汉朝不同，不肯招致异族，入居塞内，然被征服的民族多了，乘机侵入，总是不免的。尤其西北一带，自一度沦陷后，尤为控制之力所不及。党项酋长拓跋氏（拓跋是鲜卑的民族，党项却系羌族，大约是鲜卑人入于羌部族而为其酋长的），于唐太宗时归化。

其后裔拓跋思敬，以平黄巢有功，赐姓李氏，做了定难节度使，据有夏、银、绥、宥、静五州（夏州，今陕西怀远县。银州，今陕西米脂县。绥州，今陕西绥德县。宥州，今鄂尔多斯右翼后旗。静州，在米脂县西），传八世至继捧，于宋太宗的时候来降。而其弟继迁叛去，袭据银州和灵州，降于辽，宋朝未能平定。继迁传子德明，三十年未曾窥边，却征服了河西，拓地愈广。一〇二二年，真宗崩，仁宗立。一〇三四年，德明之子元昊反，兵锋颇锐。宋朝屯大兵数十万于陕西，还不能戢其侵寇。到一〇四四年，才以岁赐成和（银、绢、茶、彩，共二十五万五千）。此时辽圣宗已死，兴宗在位，年少气盛，先两年，遣使来求关南之地（瓦桥关，在雄县。周世宗复瀛、莫后，与辽以此为界），宋朝亦增加了岁币（增银十万两，绢十万匹），然后和议得以维持。给付岁币的名义，《宋史》说是"纳"字，《辽史》却说是"贡"字，未知谁真谁假。然即使用"纳"字，亦已经不甚光荣了。仁宗在位岁久，政颇宽仁，然亦极因循腐败。兵多而不能战，财用竭蹶而不易支持，已成不能振作之势。一〇六三年，仁宗崩，英宗立，在位仅四年。神宗继之，乃有用王安石变法之事。

王安石的变法，旧史痛加诋毁，近来的史家，又有曲为辩护的，其实都未免有偏。王安石所行的政事，都是不错的。但行政有一要义，即所行之事，必须要达到目的，因此所引起的弊窦，必须减至极少。若弊窦在所不免，而目的仍不能达，就不免徒滋纷扰了。安石所行的政事，不能说他全无功效，然因此而引起的弊端极大，则亦不容为讳。他所行的政事，免役最是利余于弊的，青苗就未必能然。方田均税，在他手里推行得有限，后人踵而行之，则全是徒有其名。学校、贡举，则并未能收作育人才之效。宋朝当日，相须最急的是富国强兵。王安石改革的规模颇大，旧日史家的议论，则说他是专注意于富强的（尤其说王安石偏于理财。此因关于改革社会的行政，不甚为从前的政治家所了解之故）。他改革的规模，固不止此，于此确亦有相当的注意。其结果：裁汰冗兵，确是收到很大的效果的，所置的将兵，则未必精强，保甲尤有名无实，而且所引起的骚扰极大。安石为相仅七年，然终神宗之世，守其法未变。一〇八五年，神宗崩，子哲宗立。神宗之母高氏临朝，起用旧臣，尽废新法。其死后，哲宗亲政，复行新法，谓之"绍述"。一一〇〇年，哲宗崩，徽宗立，太后向氏权同听政，想调和新旧之见，特改元为"建中靖国"。徽宗亲政后，仍倾向于新法。而其所用的蔡京，则是反复于新旧两党间的巧宦。徽宗性极奢侈，蔡京则搜括了各方面的钱，去供给他浪用。政治情形一落千丈。恢复燕、云和西北，可说是神宗和王安石一个很大的抱负。但因事势的不容许，只得先从事于其易。王安石为相时，曾用王韶征服自唐中叶以后杂居于今甘、青境内的蕃族，开其地为熙河路。这可说是进取西夏的一个预备。然神宗用兵于西夏却不利。哲宗时，继续筑寨，进占其地。夏人力不能支，请辽人居间讲和。宋因对辽有所顾忌，只得许之。徽宗时，宦者童贯，继续用兵西北，则徒招劳费而已。总之，宋朝此时的情势，业已岌岌难支，幸辽、夏亦已就衰，暂得无事，而塞外有一个新兴民族崛起，就要大祸临头了。

金朝的先世，便是古代的所谓"肃慎"，南北朝、隋、唐时的"靺鞨"。宋以后则称为"女真"（"女真"二字，似即"肃慎"的异译。清人自称为"满洲"，据明人的书，实作"满住"，乃大酋之称，非部族之名。愚案：靺鞨酋长之称为"大莫弗瞒咄"，"瞒咄"似即"满住"，而"靺鞨"二字，似亦仍系"瞒咄"的异译。至汉时又称为"挹娄"，据旧说：系今"叶鲁"二字的转音。而现在的"索伦"二字，又系"女真"的异译，此推测而确，则女真民族之名，自古迄今，实未曾变）。其主要的部落，在今松花江流域，在江南的系辽籍，称为"熟女真"，江北的不系籍，谓之"生女真"。女真的文明程度，是很低的，到渤海时代，才一度开化。金朝的始祖名唤函普，是从高句丽旧地入居生女真的完颜部，而为其酋长的。部众受其教导，渐次开化。其子孙又以渐征服诸部族，势力渐强。而辽自兴宗后，子道宗立，政治渐乱。道宗死，子天祚帝立，荒于游畋，竟把国事全然置诸不顾。女真本厌辽人的羁轭，天祚帝遣使到女真部族中去求名鹰，骚扰尤甚，遂致激起女真的叛变。金太祖完颜阿骨打于一一一四年起兵与辽相抗。契丹控制女真的要地黄龙府、咸州、宁江州（黄龙府，今吉林农安县。咸州，今辽宁铁岭县。宁江州，在吉林省城北），次第失陷。天祚帝自将大兵东征，因有内乱西归。旋和金人讲和，又迁延不定。东京先陷，上京及中、西两京继之（上京临潢府，在今热河开鲁县南。中京大定府，在今热河建昌县。东京辽阳府，今辽宁辽阳县。南京析津府，即幽州。西京大同府，即云州）。南京别立一君，意图自保，而宋人约金攻辽之事又起。先是童贯当权，闻金人攻辽屡胜，意图侥幸，遣使于金，求其破辽之后，将石晋所割之地，还给中国。金人约以彼此夹攻，得即有之。而童贯进兵屡败，乃又求助于金。金太祖自居庸关入，把南京攻下。太祖旋死，弟太宗立。天祚帝辗转漠南，至一一二五年为金人所获，辽亡。

宋朝本约金夹攻的，此时南京之下，仍借金人之力，自无坐享其成之理，乃输燕京代税钱一百万缗，并许给岁币。金人遂以石晋所割之地来归。女真本系小部族，此时吞并全辽，已觉消化不下，焉有余力经营中国的土地？这是其肯将石晋所割之地还给中国的理由。但女真此时，虽不以地狭为忧，却不免以土满为患。文明国民，生产能力高强的，自然尤为其所欢迎。于是军行所至，颇以掳掠人口为务。而汉奸亦已有献媚异族，进不可割地之议的。于是燕京的归还，仅系一个空城，尽掳其人民以去。而营、平、滦三州（平州，今河北卢龙县。滦州，今河北滦县），本非石晋所割让，宋朝向金要求时，又漏未提及，则不肯归还，且将平州建为南京，命辽降将张觉守之。燕京被掳的人民，流离道路，不胜其苦，过平州时，求张觉做主。张觉就据地来降。这是一件很重大的交涉。宋朝当时，应该抚恤其人民，而对于金朝，则另提出某种条件，以足其欲而平其愤。金朝此时，虽已有汉奸相辅，究未脱野蛮之习，且值草创之际，其交涉是并不十分难办的。如其处置得宜，不但无启衅之忧，营、平、滦三州，也未尝不可乘机收复。而宋朝贸然受之，一无措置。到金人来诘责，则又手忙脚乱，把张觉杀掉，函首以畀之。无益于金朝的责言，而反使降将解体，其手段真可谓拙劣极了。

辽朝灭亡之年，金朝便举兵南下。宗翰自云州至太原，为张孝纯所阻，而宗望自平州直抵汴京。时徽宗已传位于钦宗。初任李纲守御，然救兵来的都不能解围。不得已，许割太原、中山、河间三镇（中山，今河北定县。河间，今河北河间县）；宋主称金主为伯父；并输金五百万两，银五千万两，牛、马万头，表缎百万匹讲和。宗望的兵才退去。金朝此时，是不知什么国际的礼法的，宗翰听闻宗望得了赂，也使人来求赂。宋人不许。宗翰怒，攻破威胜军和隆德府（威胜军，今山西沁县。隆德府，今山西长治县）。宋人认为背盟，下诏三镇坚守。契丹遗臣萧仲恭来使，又给以蜡书，使招降契丹降将耶律余睹。于是宗翰、宗望再分道南下，两路都抵汴京。徽、钦两宗，遂于一一二七年北狩。金朝这时候，是断没有力量，再占据中国的土地的，所希望的，只是有一个傀儡，供其驱使而已。乃立宋臣张邦昌为楚帝，退兵而去。张邦昌自然是要靠金朝的兵力保护，然后能安其位的。金兵既去，只得自行退位。而宋朝是时，太子、后妃、宗室多已被掳，只得请哲宗的废后孟氏出来垂帘。"虽举族有北辕之衅，而敷天同左袒之心"（孟后立高宗诏语），这时候的民族主义，自然还要联系在忠君主义上面的，于是孟后下诏，命高宗在归德正位（今河南商丘县）。

第二十三章
南宋恢复的无成

语云"败军之气，累世而不复"，这话亦不尽然。"困兽犹斗"，反败为胜的事情，决不是没有的，只看奋斗的精神如何罢了。宋朝当南渡时，并没有什么完整的军队，而且群盗如毛，境内的治安，且岌岌不可保，似乎一时间决谈不到恢复之计。然以中国的广大，金朝人能有多大的兵力去占据？为宋朝计，是时理宜退守一个可守的据点，练兵筹饷，抚恤人民。被敌兵蹂躏之区，则奖励、指导其人民，使之团结自守，而用相当的正式军队，为之声援。如此相持，历时稍久，金人的气焰必渐折，恢复之谋，就可从此开展了。苦于当时并没有这种眼光远大的战略家。而且当此情势，做首领的，必须是一个文武兼资之才，既有作战的策略，又能统驭诸将，使其不敢骄横，遇敌不敢退缩，对内不敢干政，才能够悉力对外。而这时候，又没有这样一个长于统率的人物。金兵既退，宗泽招降群盗，以守汴京。高宗既不能听他的话还跸，又不能驻守关中或南阳，而南走扬州。一一二九年，金宗翰、宗望会师濮州（今山东濮县），分遣娄室入陕西。其正兵南下，前锋直打到扬州。高宗奔杭州（今浙江杭县）。明年，金宗弼渡江，自独松关入（今安徽广德县东），高宗奔明州（今浙江鄞县）。金兵再进迫，高宗逃入海。金兵亦入海追之，不及乃还。自此以后，金人亦以"士马疲敝，粮储未丰"（宗弼语），不能再行进取了。其西北一路，则宋朝任张浚为宣抚使，以拒娄室，而宗弼自江南还，亦往助娄室。浚战败于富平（今陕西兴平县），陕西遂陷。但浚能任赵开以理财，用刘子羽、吴玠、吴璘等为将，卒能保守全蜀。

利用傀儡，以图缓冲，使自己得少休息，这种希冀，金人在此时，还没有变。其时宗泽已死，汴京失陷，金人乃立宋降臣刘豫于汴，畀以河南、陕西之地。刘豫却想靠着异族的力量反噬，几次发兵入寇，却又都败北。在金人中，宗弼是公忠体国的，挞懒却骄恣腐败（金朝并无一定之继承法，故宗室中多有觊觎之心。其时握兵权者，宗望、宗弼皆太祖子，宗翰为太祖从子，挞懒则太祖从弟。宗翰即有不臣之心。挞懒最老寿，在熙宗时为尊属，故其觊觎尤甚。熙宗、海陵庶人、世宗，皆太祖孙）。秦桧是当金人立张邦昌时，率领朝官，力争立赵氏之后，被金人捉去的。后来以赐挞懒。秦桧从海路逃归。秦桧的意思，是偏重于对内的。因为当时，宋朝的将帅颇为骄横。"廪稍唯其所赋，功勋唯其所奏。""朝廷以转运使主馈饷，随意诛求，无复顾惜。""使其浸成疽赘，则非特北方未易取，而南方亦未易定。"（叶适《论四大屯兵》语，详见《文献通考·兵考》）所以要对外言和，得一个整理内部的机会。当其南还之时，就说要"南人归南，北人归北"。高宗既无进取的雄才，自然意见与之相合，于是用为宰相。一一三七年，刘豫为宗弼所废。秦桧乘机，使人向挞懒要求，把河南、陕西之地，还给宋朝。挞懒允许了。明年，遂以其地来归。而金朝突起政变。一一三九年，宗弼回上京（今吉林阿城县）。挞懒南走，至燕京，为金人所追及，被杀。和议遂废。宗弼再向河南，娄室再向陕西。宋朝此时，兵力已较南渡之初稍强。宗弼前锋至顺昌（今安徽阜阳县），为刘锜所败。岳飞从湖北进兵，亦有郾城之捷（今河南偃城县）。吴璘亦出兵收复了陕西若干州郡。倘使内部没有矛盾，自可和金兵相持。而高宗、秦桧执意言和，把诸将召还，和金人成立和约：东以淮水，西以大散关为界（在陕西宝鸡县南）；岁奉银、绢各二十五万两、匹；宋高宗称臣于金，可谓屈辱极了。于是罢三宣抚司，改其兵为某州驻扎御前诸军，而设总领以司其财赋。

金太宗死后，太祖之孙熙宗立，以嗜酒昏乱，为其从弟海陵庶人所弑，此事在一一四九年。海陵更为狂妄，迁都于燕，后又迁都于汴。一一六〇年，遂大举南侵。以其暴虐过甚，兵甫动，就有人到辽阳去拥立世宗。海陵闻之，欲尽驱其众渡江，然后北还，至采石矶，为宋虞允文所败。

改趋扬州，为其下所弑。金兵遂北还。一一六二年，高宗传位于孝宗。孝宗颇有志于恢复，任张浚以图进取。浚使李显忠进兵，至符离（集名，在今安徽宿县），大败。进取遂成画饼。一一六五年，以岁币各减五万，宋主称金主为伯父的条件成和。金世宗算是金朝的令主。他的民族成见，是最深的。他曾对其种人，屡称上京风俗之美，教他们保存旧风，不要汉化。臣下有说女真、汉人，已为一家的，他就板起脸说："女真、汉人，其实是二。"这种尖锐的语调，决非前此的北族，所肯出之于口的，其存之于心的，自亦不至如此之甚了。然世宗的见解虽如此，而既不能放弃中原之地，就只得定都燕京。并因是时叛者蜂起，不得不将猛安谋克户移入中原，以资镇压。夺民地以给之，替汉人和女真之间，留下了深刻的仇恨。而诸猛安谋克人，则唯酒是务，竟有一家百口，垄无一苗的，征服者的气质，丧失净尽了。自太祖崛起至此，不过六十年。

一一九四年，孝宗传位于光宗。此时金世宗亦死，子章宗立，北边颇有叛乱，河南、山东，亦有荒歉之处，金朝的国势渐衰。宋光宗多病，皇后李氏又和太上皇不睦。一一九四年，孝宗崩，光宗不能出而持丧，人心颇为疑惑。宰相赵汝愚，因合门使韩侂胄，请于高宗后吴氏，扶嘉王扩内禅，是为宁宗。韩侂胄排去赵汝愚，代为宰相，颇为士流所攻击，想立恢复之功，以间执众口。一二〇六年遂贸然北伐。谁想金兵虽弱，宋兵亦不强。兵交之后，襄阳和淮东西州郡，次第失陷。韩侂胄又想谋和，而金人复书，要斩侂胄之首，和议复绝。皇后杨氏，本和韩侂胄有隙，使其兄次山，勾结侍郎史弥远，把韩侂胄杀掉，函首以畀金。一二〇八年，以增加岁币为三十万两、匹的条件成和。韩侂胄固然是妄人，宋朝此举，也太不成话了。和议成后两年，金章宗死，世宗子卫绍王立。其明年，蒙古侵金，金人就一败涂地。可见金朝是时，业已势成弩末，宋朝并没有急于讲和的必要。

　　蒙古本室韦部落，但其后来和鞑靼混合，所以蒙人亦自称为"鞑靼"。其居地初在望建河，即今黑龙江上游之南，而后徙于不而罕山，即今外蒙古车臣、土谢图两部界上的布尔罕哈勒那都岭。自回纥灭亡以后，漠北久无强部，算到一一六七年成吉思汗做蒙古的酋长的时候，已经三百六十多年了，淘汰、酝酿，自然该有一个强部出来。成吉思汗少时，漠南北诸部错列，蒙古并不见得怎样强大。且其内部分裂，成吉思汗备受同族的龃龉。但汗有雄才大略，收合部众，又与诸部落合纵连横，至一二〇六年，而漠南北诸部，悉为所征服。这一年，诸部大会于斡难河源（今译作"鄂诺"，又作"敖嫩"），上他以成吉思汗的尊号。成吉思汗在此时，已非蒙古的汗，而为许多部族的大汗了。一二一〇年，成吉思汗伐夏，夏人降。其明年，遂伐金。金人对于北方，所采取的是一种防守政策。从河套斜向东北，直达女真旧地，筑有一道长城。汪古部居今归绥县之北，守其冲要之点。此时汪古通于蒙古，故蒙古得以安行而入长城。会河堡一战（会河堡，在察哈尔万全县西），金兵大败，蒙古遂入居庸关。留兵围燕京，分兵蹂躏山东、山西，东至辽西。金人弑卫绍王，立宣宗，与蒙古言和，而迁都于汴。蒙古又以为口实，发兵攻陷燕京。金人此时，尽迁河北的猛安谋克户于河南，又夺汉人之地以给之。其民既不能耕，又不能战，势已旦夕待亡。幸一二一八年，成吉思汗用兵于西域，金人乃得少宽。这时候，宋朝亦罢金岁币。避强凌弱，国际上总是在所不免的；而此时金人，财政困难，对于岁币，亦不肯放弃，或者还希冀战胜了可以向宋人多胁取些，于是两国开了兵衅。又因场疆细故，与夏人失和。兵力益分而弱。一二二四年，宣宗死，哀宗立，才和夏人以兄弟之国成和（前此夏人称臣），而宋朝卒不许其和。时成吉思汗亦已东归，蒙古人的兵锋，又转向中原了。一二二七年，成吉思汗围夏，未克而死，遗命秘不发丧，把夏人灭掉。一二二九年，太宗立。明年，复伐金。时金人已放弃河北，以精兵三十万，守邠县到潼关的一线。太宗使其弟拖雷假道于宋，宋人不许。拖雷就强行通过，自汉中、襄、郧而北，大败金人于三峰山（在河南禹县）。太宗亦自白坡渡河（在河南孟津县），使速不台围汴。十六昼夜不能克，乃退兵议和。旋金兵杀蒙古使者，和议复绝。金哀宗逃到蔡州。宋、元复联合以攻金。宋使孟珙、江海帅师会蒙古兵围蔡。一二三四年，金亡。

约金攻辽，还为金灭，这是北宋的覆辙，宋人此时，似乎又不知鉴而蹈之了。所以读史的人，多以宋约元攻金为失策。这亦未必尽然。宋朝和金朝是不共戴天之仇，不能不报的。若说保存金朝以为障蔽，则金人此时，岂能终御蒙古？不急进而与蒙古联合，恢复一些失地，坐视金人为蒙古所灭，岂不更糟？要知约金攻辽，亦并不算失策，其失策乃在灭辽之后，不能发愤自强，而又轻率启衅。约元灭金之后，弊亦仍在于此。金亡之前十年，宋宁宗崩，无子。史弥远援立理宗，仍专政。金亡前一年，史弥远死，贾似道继之。贾似道是表面上似有才气，而不能切实办事的人，如何当得这艰难的局面？金亡之后，宋朝人倡议收复三京（宋东京即大梁，南京即宋州，西京为洛阳，北京为大名），入汴、洛而不能守。蒙古反因此南侵，江、淮之地多陷。一二四一年，蒙古太宗死。一二四六年，定宗立。三年而死。一二五一年，宪宗方立。蒙古当此时，所致力的还是西域，而国内又有汗位继承之争，所以未能专力攻宋。至一二五八年，各方粗定，宪宗乃大举入蜀。忽必烈已平吐蕃、大理，亦东北上至鄂州（今湖北武昌县）。宋将王坚守合州（今四川合川县），宪宗受伤，死于城下。贾似道督大军援鄂，不敢战，使人求和，许称臣，划江为界。忽必烈亦急图自立，乃许之而北归。贾似道掩其事，以大捷闻于朝。自此蒙古使者来皆拘之，而借和议以图自强，而待敌人之弊的机会遂绝。忽必烈北还后，自立，是为元世祖。世祖在宪宗时，本来是分治漠南的，他手下又多西域人和中国人，于是以一二六四年定都燕京。蒙古的根据地，就移到中国来了。明年，理宗崩，子度宗立。宋将刘整叛降元，劝元人攻襄阳。自一二六八年至一二七三年，被围凡五年，宋人不能救，襄阳遂陷。明年，度宗崩，子恭帝立。伯颜自两湖长驱南下。一二七六年，临安不守，谢太后和恭帝都北狩。故相陈宜中立其弟益王于福州（今福建闽侯县），后来转徙，崩于碙州（在今广东吴川县海中）。其弟卫王昺立，迁于崖山（在今广东新会县海中）。一二七九年，汉奸张弘范来攻，宰相陆秀夫负帝赴海殉国。张世杰收兵图再举，到海陵山（在今广东海阳县海中），舟覆而死。宋亡。中国遂整个为北族所征服。

宋朝的灭亡，可以说是我国民族的文化，一时未能急剧转变，以适应于竞争之故。原来游牧民族以掠夺为生产，而其生活又极适宜于战斗，所以其势甚强，文明民族，往往为其所乘，罗马的见轭于蛮族，和中国的见轭于五胡和辽、金、元、清，正是一个道理。两国国力的强弱，不是以其所有的人力物力的多少而定，而是看其能利用于竞争的共有多少而定。旧时的政治组织，是不适宜于动员全民众的。其所恃以和异族抵抗的一部分，或者正是腐化分子的一个集团。试看宋朝南渡以后，军政的腐败，人民的困苦，而一部分士大夫反溺于晏安鸩毒、歌舞湖山可知。虽其一部分分子的腐化，招致了异族的压迫，却又因异族的压迫，而引起了全民族的觉醒，替民族主义建立了一个深厚的根基，这也是祸福倚伏的道理。北宋时代可以说是中国民族主义的萌蘖时期。南宋一代，则是其逐渐成长的时期。试读当时的主战派，如胡铨等一辈人的议论，至今犹觉其凛凛有生气可知（见《宋史》卷三七四）。固然，只论是非，不论利害，是无济于事的。然而事有一时的成功，有将来的成功。主张正义的议论，一时虽看似迂阔，隔若干年代后，往往收到很大的效果。民族主义的形成，即其一例。论是非是宗旨，论利害是手段。手段固不能不择，却不该因此牺牲了宗旨。历来外敌压迫时，总有一班唱高调的人，议论似属正大，居心实不可问，然不能因此而并没其真。所以自宋至明，一班好发议论的士大夫，也是要分别观之的。固不该盲从附和，也不该一笔抹杀。其要，在能分别真伪，看谁是有诚意的，谁是唱高调的，这就是大多数国民在危急存亡之时，所当拭目辨别清楚的了。民族主义，不但在上流社会中，植下了根基，在下流社会中，亦立下了一个组织，看后文所述便知。

第二十四章
蒙古大帝国的盛衰

　　蒙古是野蛮的侵略民族所建立的最大的帝国，它是适值幸运而成功的。

　　蒙古所征服之地，几于包括整个亚洲，而且还跨有欧洲的一部分。其中最重要的，自然还是西域。葱岭以西，亚历山大东征后，安息、大夏，对立为两个大国。其后则变为波斯和月氏的对立。南北朝时，嚈哒兴，月氏为其所破，分为许多小国，波斯亦被其慑服。突厥兴，嚈哒又为所破。月氏旧地，大抵服属于西突厥。时大食亦已勃兴。公元六四一年，破波斯，葱岭以西之地，次第为其所吞并。是时中国亦灭西突厥，波斯以东之地，尽置羁縻府、州，两国的政治势力，遂相接触。然葱岭以西之地，中国本视属羁縻，故未至引起实际的冲突（公元七五○年，即唐玄宗天宝九年，唐将高仙芝伐今塔什干的石国，石国求救于大食。明年，大食来援，唐兵败于怛逻斯。未久安史之乱起，唐朝就不再经营西域了）。安史乱后，中国对于西域，就不再过问了。辽朝灭亡后，其宗室耶律大石，会十八部王众于西州（唐西州，今新疆吐鲁番县），简其精锐西行。此时大食的纪纲，久已颓废，东方诸酋，据土自专，形同独立。大石兵至，灭掉雄踞呼罗珊的塞而柱克（Seljuks），并压服了花剌子模（Khorazme，《唐书》作"货利习弥"），使之纳贡，而立国于吹河之滨，是为西辽。成吉思汗平漠南北时，今蒙古西部乃蛮部的酋长古出鲁克奔西辽，运用阴谋，和花剌子模里应外合而取其国。又有在鄂尔坤、色楞格两河间的蔑儿乞，其酋长忽秃亦西奔，和古出鲁克都有卷土重来之意。成吉思汗怕根本之地动摇，乃于一二一三年北归，遣哲别、速不台把这两人击灭。先是天山南路的畏吾儿（即"回纥"异译），及其西之哈剌鲁（唐时西突厥属部葛逻禄），归顺蒙古，蒙古入西域之路已开。既灭古出鲁克，蒙古的疆域，就和花剌子模相接。兴于蒙古高原的北族，照例总是先向中国地方侵掠的；况且是时，蒙古与金，业已兵连祸结，所以蒙古对于西域，本来是无意于用兵的。但野蛮人所好的是奢侈享受，西域是文明发达之地，通商往来，自为其所欢迎；而商人好利，自亦无孔不入。成吉思汗乃因商人以修好于花剌子模。花剌子模王亦已允许。然花剌子模的军队多数系康里人，王母亦康里人，因之作威作福，花剌子模王不能制。锡尔河滨的讹打剌城为东西交通孔道，城主为王母之弟，蒙古人随商人西行的，一行共有四百多人，都被他认为奸细，捉起来杀掉，只有一个人脱逃归报。成吉思汗大怒，遂以一二一九年西征。破花剌子模，其王辗转入里海小岛而死。王子奔哥疾宁，成吉思汗追破之，略印度北境而还。哲别、速不台别将绕里海，越高加索山，破西北诸部。钦察酋长奔阿罗思（Kiptchac，亦译"奇卜察克"。阿罗思，即俄罗斯），又追败之，平康里而还。成吉思汗的攻西域，本来是复仇之师，但因西域高度的物质文明，及其抵抗力的薄弱，遂引起蒙古人继续侵掠的欲望。太宗立，命诸王西征。再破钦察，入阿罗思，进规孛烈儿（即波兰）及马札剌（匈牙利），西抵威尼斯，是为蒙古西征最深入的一次，因太宗凶问至，乃班师。宪宗立，复遣弟旭烈兀西征。破木剌夷及报达［木剌夷（Mulahids），为天方教中之一派，在里海南岸］，西域至此略定。东北一带，自高句丽、百济灭亡后，新罗亦渐衰。唐末，复分为高丽、后百济及新罗三国，石晋初，尽并于高丽王氏。北宋之世，高丽曾和契丹构兵，颇受其侵略，然尚无大关系。自高句丽灭亡后，朝鲜半岛的北部，新罗控制之力，不甚完全，高丽亦未能尽力经营，女真逐渐侵入其地，是为近世满族发达的一个原因，金朝即以此兴起。完颜部本曾朝贡于高丽，至后来，则高丽反为所胁服，称臣奉贡。金末，契丹遗族和女真人在今辽、吉境内扰乱，蒙古兵追击，始和高丽相遇，因此引起冲突，至太宗时乃成和。此后高丽内政，遂时受蒙古人的干涉。有时甚至废其国号，而于其地立征东行省。元世祖时，中国既定，又要介高丽以招致日本。日本不听。世祖遂于一二七四、一二八一两年遣兵渡海东征。前一次损失还小。后一次因飓风将作，其将择坚舰先走，余众二十余万，尽为日本所虏，杀蒙古人、高丽人、汉人，而以南人为奴隶，其败绩可谓残酷了。世祖欲图再举，因有事于安南，遂不果。蒙古西南的侵略，是开始于宪宗时的。世祖自今青海之地入西藏，遂入云南，灭大理（即南诏）。自将北还，而留兵续向南方侵略。此时后印度半岛之地，安南已独立为国。其南，今柬埔寨之地为占城，蒲甘河附近则有缅国。元兵侵入安南和占城，其人都不服。一二八四、一二八五、一二八七三年，三次发兵南征，因天时地利的不宜，始终不甚得利。其在南洋，则曾一度用兵于爪哇。此外被招致来朝的共有十国，都是今南洋群岛和印度沿岸之地（《元史》云：当时海外诸国，以俱蓝、马八儿为纲维，这两国，该是诸国中最大的。马八儿，即今印度的马拉巴尔。俱蓝为其后障，当在马拉巴尔附近）。自成吉思汗崛起至世祖灭宋，共历一百一十二年，而蒙古的武功，臻于极盛。其人的勇于战斗，征服各地方后，亦颇长于统治（如不干涉各国的信教自由，即其一端），自有足称。但其大部分成功的原因，则仍在此时别些大国，都适值衰颓，而乏抵抗的能力，其中尤其主要的，就是中国和大食帝国；又有一部分人，反为其所用，如蒙古西征时附从的诸部族便是，所以我说他是适值天幸。

中国和亚、欧、非三洲之交的地中海沿岸，是世界上两个重要的文明起源之地。这两个区域的文明，被亚洲中部和南部的山岭，和北方的荒凉阻隔住了。欧洲文明的东渐，大约以希腊人的东迁为最早。汉通西域时所接触的西方文化，就都是希腊人所传播、所留遗。其后罗马兴，东边的境界仍为东西文化接触之地。至罗马之北境为蛮族所据而中衰。大食兴，在地理上，拥有超过罗马的大版图，在文化上亦能继承希腊的遗绪。西方的文化，因此而东渐，东方的文化，因此而西行者不少。但主要的是由于海路，至蒙古兴，而欧西和东方的陆路才开通。其时西方的商人，有经中央亚细亚、天山南路到蒙古来的，亦有从西伯利亚南部经天山北路而来的。基督教国亦派有使节东来。而意大利人马可·波罗（Marco Polo），居中国凡三十年，归而以其所见，著成游记，给予西方人以东方地理上较确实的知识，且引起其好奇心，亦为近世西力东侵的一个张本。

如此广大的疆域，自非一个大汗所能直接统治；况且野蛮人的征服，其意义原是掠夺；封建制度自然要随之而兴。蒙古的制度，宗室、外戚、功臣是各有分地的，而以成吉思汗的四个儿子为最大。当时的分封，大约他的长子术赤，所得的是花剌子模和康里、钦察之地。次子太宗所得的是乃蛮之地。三子察合台所得的是西辽之地，而和林旧业，则依蒙古人幼子守灶之习，归于其季子拖雷（此据日本那珂通世说，见其所注《成吉思汗实录》，此书即《元秘史》的日译本）。其后西北一带，术赤之子拔都为其共主，而西南的平定，则功出于拖雷之子旭烈兀，其后裔世君其地。此即所谓阿阔台、察合台、钦察、伊儿四个汗国〔阿阔台之后称"Km.of Ogotai"，亦称"Naiman"（乃蛮）。察合台之后称"Km.of Tchagatai"。拔都之后称"Km.of Kiptchac"，亦称"Golden Horde"。旭烈兀之后称"Km.of Iran"〕，而分裂即起于其间。蒙古的汗，本来是由诸部族公推的，到后来还是如此。每当大汗逝世之后，即由宗王、驸马和管兵的官，开一个大会（蒙古语为"忽力而台"），议定应继承汗位的人。太祖之妻孛儿帖，曾给蔑儿乞人掳去，后太祖联合与部，把她抢回，就生了术赤。他的兄弟，心疑他是蔑儿乞种，有些歧视他，所以他西征之后，一去不归，实可称为蒙古的泰伯。太祖死时，曾有命太宗承继之说，所以大会未有异议。太宗死后，其后人和拖雷的后人，就有争夺之意。定宗幸获继立而身弱多病，未久即死。拖雷之子宪宗被推戴。太宗后人，另谋拥戴失烈门，为宪宗所杀，并夺去太宗后王的兵柄。蒙古的内争，于是开始。宪宗死后，争夺复起于拖雷后人之间。宪宗时，曾命阿里不哥统治漠北，世祖统治漠南。宪宗死后，世祖不待大会的推戴而自立，阿里不哥亦自立于漠北，为世祖所败，而太宗之子海都自立于西北，察合台、钦察两汗国都附和他。伊儿汗国虽附世祖，却在地势上被隔绝了。终世祖之世不能定。直到一三一〇年，海都之子才来归降。然自海都之叛，蒙古大汗的号令，就不能行于全帝国，此时亦不能恢复了。所以蒙古可说是至世祖时而臻于极盛，亦可说自世祖时而开始衰颓。

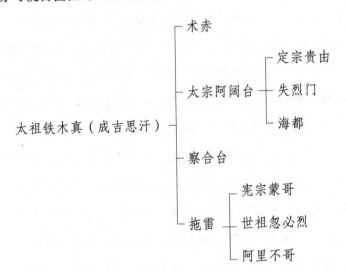

第二十五章
汉族的光复事业

辽、金、元三朝，立国的情形，各有不同。契丹虽然占据了中国的一部分，然其立国之本，始终寄于部族，和汉人并未发生深切的关系。金朝所侵占的重要之地，唯有中国。他的故土和他固有的部族、文化尚未发展，虽可借其贫瘠而好掠夺的欲望，及因其进化之浅，社会组织简单，内部矛盾较少，因而以诚朴之气、勇敢之风而崛起于一时，然究不能据女真之地，用女真之人，以建立一个大国。所以从海陵迁都以后，他国家的生命，已经寄托在他所侵占的中国的土地上了。所以他压迫汉人较甚，而其了解汉人却亦较深。至蒙古，则所征服之地极广，中国不过是其一部分。虽然从元世祖以后，大帝国业已瓦解，所谓元朝者，其生命亦已寄托于中国，然自以为是一个极大的帝国，看了中国，不过是其所占据的地方的一部分的观念，始终未能改变。所以对于中国，并不能十分了解，试看元朝诸帝，多不通汉文及汉语可知。元朝诸帝，唯世祖较为聪明，所用的汉人和西域人较多，亦颇能厘定治法。此后则唯仁宗在位较久，政治亦较清明。其余诸帝，大抵荒淫愚昧。这个和其继嗣之争，亦颇有关系。因为元朝在世祖之时，北边尚颇紧急。成宗和武宗都是统兵在北边防御，因而得立的。武宗即位之前，曾由仁宗摄位，所以即位之后，不得不立仁宗为太子。因此引起英宗之后泰定、天顺两帝间的争乱。文宗死后，又引起燕帖木儿的专权（时海都之乱未定，成宗和武宗都是统兵以防北边的。世祖之死，伯颜以宿将重臣，归附成宗，所以未有争议。成宗之死，皇后伯岳吾氏想立安西王。右丞相哈剌哈孙使迎仁宗监国，以待武宗之至。武宗至，弑伯岳吾后，杀安西王而自立。以仁宗为太子。仁宗既立，立英宗为太子，而出明宗于云南。其臣奉之奔阿尔泰山。英宗传子泰定帝，死于上都。子天顺帝，即在上都即位。签书枢密院事燕帖木儿为武宗旧臣，胁大都百官，迎立武宗之子。因明宗在远，先迎文宗监国。发兵陷上都，天顺帝不知所终。明宗至漠南，即位。文宗入见，明宗暴死。文宗后来心上觉得不安，遗令必立明宗之子。而燕帖木儿不肯。文宗皇后翁吉剌氏，坚持文宗的遗命。于是迎立宁宗，数月而死，再迎顺帝。顺帝的年纪却比宁宗大些了，燕帖木儿又坚持，顺帝虽至，不得即位。会燕帖木儿死，问题乃得解决。顺帝既立，追治明宗死事，翁吉剌后和其子燕帖古思都被流放到高丽，死在路上。元入中国后的继嗣之争，大略如此）。中央的变乱频仍，自然说不到求治，而最后又得一个荒淫的顺帝，胡无百年之运，客星据坐，自然不能持久了。元世祖所创立的治法，是专以防制汉人为务的。试看其设立行省及行御史台；将边徼襟喉之地，分封诸王；遣蒙古军及探马赤军分守河、洛、山东；分派世袭的万户府，屯驻各处；及因重用蒙古、色目人而轻视汉人可知。这是从立法方面说。从行政方面说：则厚敛人民，以奉宗王、妃、主。纵容诸将，使其掠人为奴婢。选法混乱，贪黩公行。而且迷信喇嘛教，佛事所费，既已不资，还要听其在民间骚扰。可谓无一善政。所以仍能占据中国数十年，则因中国社会，自有其深根宁极之理，并非政治现象，所能彻底扰乱，所以他以异族入据中原，虽为人心所不服，亦不得不隐忍以待时。到顺帝时，政治既乱，而又时有水旱偏灾，草泽的英雄，就要乘机而起了。

"举世无人识，终年独自行。海中擎日出，天外唤风生。"（郑所南先生诗语。所南先生名思肖，工画兰。宋亡后，画兰皆不画土。人或问之。则曰："土为番人夺去，汝不知耶？"著有《心史》，藏之铁函，明季乃于吴中承天寺井中得之。其书语语沉痛，为民族主义放出万丈的光焰。清朝的士大夫读之，不知自愧，反诬为伪造，真可谓全无心肝了）表面上的平静是靠不住的，爆发的种子，正潜伏在不见不闻之处。这不见不闻之处是哪里呢？这便在各人的心上。昔人说："雪大耻，复大仇，皆以心之力。"（龚自珍文中语）。文官投降了，武官解甲了，大多数的人民，虽然不服，苦于不问政治久了，一时团结不起来。时乎时乎？七年之病，求三年之艾，乃将一颗革命的种子，广播潜藏于人民的唯一组织，即所谓江湖豪侠的社会之中，这是近世史上的一件大事。明亡以后之事，为众所周知，然其事实不始于明亡以后，不过年深月久，事迹已陈，这种社会中，又没有记载，其事遂在若存若亡之间罢了。元朝到顺帝之世，反抗政府的，就纷纷而起。其中较大的是：台州的方国珍（今浙江临海县），徐州的李二，湖北的徐寿辉，濠州的郭子兴（今安徽凤阳县），高邮的张士诚（后迁平江，今江苏吴县），而刘福通以白莲教徒，起于安丰（今安徽寿县），奉其教主之子韩林儿为主。白莲教是被近代的人看作邪教的，然其起始决非邪教，试看其在当时，首举北伐的义旗可知。元朝当日，政治紊乱。宰相脱脱之弟也先帖木儿，当征讨之任，连年无功，后来反大溃于沙河（今河南遂平、确山、泌阳境上的沙河店），军资丧失殆尽。脱脱觉得不好，自将大军出征。打破了李二，围张士诚，未克，而为异党排挤以去。南方群雄争持，元朝就不能过问。一三五八年，刘福通分兵三道：一军入山、陕，一军入山东，自奉韩林儿复开封。此时元朝方面，亦有两个人出来替他挣扎，那便是察罕帖木儿和李思齐。他们是在河南起兵帮助元朝的。此时因陕西行省的求援，先入陕解围。又移兵山东，把刘福通所派的兵，围困起来。刘福通的将遣人把察罕刺死。其子库库帖木儿代总其兵，到底把敌兵打败，刘福通和韩林儿走回安丰，后为张士诚所灭。然其打山西的一支兵，还从上都直打到辽东（今多伦县，元世祖自立于此，建为上都，而称今北平为"大都"），然后被消灭。军行数千里，如入无人之境，亦可谓虽败犹荣了。

首事的虽终于无成，然继起的则业已养成气力。明太祖初起时，本来是附随郭子兴的。后来别为一军，渡江取集庆（今南京，元集庆路）。时徐寿辉为其将陈友谅所杀，陈友谅据江西、湖北，势颇强盛（寿辉将明玉珍据四川自立，传子升，为明太祖所灭），后为太祖所灭。太祖又降方国珍，破张士诚，几乎全据了长江流域。而元朝是时，复起内乱。其时库库帖木儿据冀宁（元冀宁路，治今山西曲阳县），孛罗帖木儿据大同，孛罗想兼据晋冀，以裕军食，两人因此相争。顺帝次后奇氏，高丽人，生子爱猷识理达腊，立为太子。太子和奇后，阴谋内禅。是时高丽人自宫到元朝来充当内监的很多，奇后宫中，自更不乏，而朴不花最得信任，宰相搠思监就是走朴不花的门路得位的。他和御史大夫老的沙不协，因太子言于顺帝，免其职。老的沙逃奔大同，托庇于孛罗。搠思监诬孛罗谋反。孛罗就真个反叛，举兵犯阙，把搠思监和朴不花都杀掉。太子投奔库库。库库兴兵送太子还京，孛罗已被顺帝遣人刺死。太子欲使库库以兵力胁迫顺帝内禅，库库不肯。时顺帝封库库为河南王，使其总统诸军，平定南方。李思齐因与察罕同起兵，不愿受库库节制，陕西参政张良弼，亦和库库不协，两人连兵攻库库。太子乘机叫顺帝下诏，削掉库库的官爵，使太子统兵讨之，北方大乱。"天道好还，中国有必伸之理，人心效顺，匹夫无不报之仇。"（太祖时讨胡檄中语）一三六八年，明太祖命徐达、常遇春两道北伐。徐达平河南，常遇春下山东，会师德州（今山东德县），北扼直沽。顺帝走上都。太祖使徐达下太原，乘胜定秦、陇，库库帖木儿奔和林（和林城，太宗所建，今之额尔德尼招，是其遗址）。常遇春攻上都，顺帝再奔应昌（城名，在达里泊旁，为元外戚翁吉剌氏之地）。一三七〇年，顺帝死，明兵再出，爱猷识理达腊亦奔和林。不久便死，子脱古思帖木儿嗣。一三八七年，太祖使蓝玉平辽东，乘胜袭破脱古思帖木儿于捕鱼海（今达里泊）。脱古思帖木儿北走，为其下所杀。其后五传皆被弑，蒙古大汗的统系遂绝。元宗室分封在内地的亦多降，唯梁王把匝剌瓦尔密据云南不服。一三八一年，亦为太祖所灭。中原之地，就无元人的遗孽了。自一二七九年元朝灭宋，至一三六八年顺帝北走，凡八十九年。

第二十六章
明朝的盛衰

　　明太祖起于草泽，而能铲除胡元，戡定群雄，其才不可谓不雄。他虽然起于草泽，亦颇能了解政治，所定的学校、科举、赋役之法，皆为清代所沿袭，行之凡六百年。卫所之制，后来虽不能无弊，然推原其立法之始，亦确是一种很完整的制度，能不烦民力而造成多而且强的军队。所以明朝开国的规模，并不能算不弘远。只可惜他私心太重。废宰相，使朝无重臣，至后世，权遂入于阉宦之手。重任公侯伯的子孙，开军政腐败之端。他用刑本来严酷，又立锦衣卫，使司侦缉事务，至后世，东厂、西厂、内厂遂纷纷而起（东厂为成祖所设，西厂设于宪宗时，内厂设于武宗时，皆以内监领其事）。这都不能不归咎于诒谋之不臧。其封建诸子于各地，则直接引起了靖难之变。

　　明初的边防，规模亦是颇为弘远的。俯瞰蒙古的开平卫，即设于元之上都。其后大宁路来降，又就其地设泰宁、朵颜、福余三卫。泰宁在今热河东部，朵颜在吉林之北，福余则在农安附近。所以明初对东北，威凌远瞻。其极盛时的奴儿干都司，设于黑龙江口，现在的库页岛，亦受管辖（《明会典》卷一〇九：永乐七年，设奴儿干都司于黑龙江口。清曹廷杰《西伯利亚东偏纪要》说庙尔以上二百五十余里，混同江东岸特林地方，有两座碑：一刻《敕建永宁寺记》，一刻《宣德六年重建永宁寺记》，均系太监亦失哈述征服奴儿干和海中苦夷之事。"苦夷"即"库页"。"宣德"为宣宗年号，宣德六年为公元一四三一年）。但太祖建都南京，对于北边的控制，是不甚便利的。成祖既篡建文帝，即移都北京。对于北方的控制，本可更形便利。确实，他亦曾屡次出征，打破鞑靼和瓦剌。但当他初起兵时，怕节制三卫的宁王权要袭其后，把他诱执，而将大宁都司自今平泉县境迁徙到保定。于是三卫之地，入于兀良哈，开平卫势孤。成祖死后，子仁宗立，仅一年而死。子宣宗继之。遂徙开平卫于独石口。从此以后，宣大就成为极边了。距离明初的攻克开平，逐去元顺帝，不过六十年。明初的经略，还不仅对于北方。安南从五代时离中国独立，成祖于一四〇六年因其内乱，将其征服，于其地设立交趾布政使司，同于内地。他又遣中官郑和下南洋，前后凡七次。其事在一四〇五年至一四三三年之间，早于欧人的东航有好几十年。据近人的考究：郑和当日的航路，实自南海入印度洋，达波斯湾及红海，且拂非洲的东北岸，其所至亦可谓远了。史家或说：成祖此举，是疑心建文帝亡匿海外，所以派人去寻求的。这话臆度而不中情实。建文帝即使亡匿海外，在当日的情势下，又何能为？试读《明史》的外国传，则见当太祖时，对于西域，使节所至即颇远。可见明初的外交，是有意沿袭元代的规模的。但是明朝立国的规模，和元朝不同。所以元亡明兴，西域人来者即渐少。又好勤远略，是和从前政治上的情势不相容的，所以虽有好大喜功之主，其事亦不能持久。从仁宗以后，就没有这种举动了。南方距中国远，该地方的货物，到中原即成为异物，价值很贵；又距离既远，为政府管束所不及，所以宦其地者率多贪污，这是历代如此的。明朝取安南后，还是如此。其时中官奉使的多，横暴太甚，安南屡次背叛。宣宗立，即弃之。此事在一四二七年，安南重隶中国的版图，不过二十二年而已。自郑和下南洋之后，中国对于南方的航行，更为熟悉，华人移殖海外的渐多。近代的南洋，华人实成为其地的主要民族，其发端实在此时。然此亦是社会自然的发展，得政治的助力很小。

明代政治的败坏，实始于成祖时。其（一）为用刑的残酷，其（二）为宦官的专权，而两事亦互相依倚。太祖定制，内侍本不许读书。成祖反叛时，得内监为内应，始选官入内教习。又使在京营为监军，随诸将出镇。又设立东厂，使司侦缉之事。宦官之势骤盛。宣宗崩，英宗立，年幼，宠太监王振。其时瓦剌强，杀鞑靼酋长，又胁服兀良哈。一四四九年，其酋长也先入寇。王振贸然怂恿英宗亲征。

至大同，知兵势不敌，还师。为敌军追及于土木堡，英宗北狩。朝臣徐有贞等主张迁都。于谦力主守御，奉英宗之弟景帝监国，旋即位。也先入寇，谦任总兵石亨等力战御之。也先攻京城，不能克，后屡寇边，又不得利，乃奉英宗归。大凡敌兵入寇，京城危急之时，迁都与否，要看情势而定。敌兵强，非坚守所能捍御，而中央政府，为一国政治的中心，失陷了，则全国的政治，一时要陷于混乱，则宜退守一可据的据点，徐图整顿。在这情势之下，误执古代国君死社稷之义，不肯迁都，是要误事的，崇祯的已事，是其殷鉴。若敌兵实不甚强，则坚守京城，可以振人心而作士气。一移动，一部分的国土，就要受敌兵蹂躏，损失多而事势亦扩大了。瓦剌在当日，形势实不甚强，所以于谦的主守，不能不谓之得计。然徐有贞因此内惭，石亨又以赏薄怨望，遂结内监曹吉祥等，乘景帝卧病，闯入宫中，迎英宗复辟，是为"夺门"之变。于谦被杀。英宗复辟后，亦无善政。传子宪宗，宠太监汪直。宪宗传孝宗，政治较称清明。孝宗传武宗，又宠太监刘瑾，这不能不说是成祖恶政的流毒了。明自中叶以后，又出了三个昏君。其（一）是武宗的荒淫。其（二）是世宗的昏愦。其（三）是神宗的怠荒。明事遂陷于不可收拾之局。武宗初宠刘瑾，后瑾伏诛，又宠大同游击江彬，导之出游北边。封于南昌的宁王宸濠，乘机作乱，为南赣巡抚王守仁所讨平，武宗又借以为名，出游江南而还。其时山东、畿南群盗大起，后来幸获敉平，只可算得侥幸。武宗无子，世宗以外藩入继。驭宦官颇严，内监的不敢恣肆，是无过于世宗时的。但其性质严而不明，中年又好神仙，日事斋醮，不问政事。严嵩因之，故激其怒，以人入罪，而窃握大权，政事遂至大坏。其时倭寇大起，沿海七省，无一不被其患，甚至沿江深入，直抵南京。北边自也先死后，瓦剌复衰，鞑靼部落入据河套，谓之"套寇"。明朝迄无善策。至世宗时，成吉思汗后裔达延汗复兴，击败套寇，统一蒙古。达延汗四子，长子早死。达延汗自与其嫡孙卜赤徙牧近长城，称为插汉儿部，就是现在的察哈尔部。次子为套寇所杀。三子系征服套寇的。有两子：一为今鄂尔多斯部之祖，亦早死。一为阿勒坦汗，《明史》称为"俺答"，为土默特部之祖。第四子留居漠北，则为喀尔喀三部之祖（车臣、土谢图、札萨克图，其三音诺颜系清时增设）。自达延汗以后，蒙古遂成今日的形势了，所以达延汗亦可称为中兴蒙古的伟人。俺答为边患，是最深的。世宗时，曾三次入犯京畿。有一次，京城外火光烛天，严嵩竟骗世宗，说是民家失火，其蒙蔽，亦可谓骇人听闻了。世宗崩，穆宗立，未久而死。神宗立，年幼，张居正为相。此为明朝中兴的一个好机会。当穆宗时，俺答因其孙为中国所得，来降，受封为顺义王，不复为边患。插汉儿部强盛时，高拱为相，任李成梁守辽东，戚继光守蓟镇以敌之。成梁善战，继光善守，张居正相神宗，益推心任用此二人，东北边亦获安静。明朝政治，久苦因循。张居正则能行严肃的官僚政治。下一纸书，万里之外，无敢不奉行唯谨者，所以吏治大有起色。百孔千疮的财政，整理后亦见充实。惜乎居正为相不过十年，死后神宗亲政，又复昏乱。他不视朝至于二十余年。群臣都结党相攻。其时无锡顾宪成，居东林书院讲学，喜欢议论时政，于是朝廷上的私党，和民间的清议，渐至纠结而不可分。神宗信任中官，使其到各省去开矿，名为开矿，实则借此索诈。又在穷乡僻壤，设立税使，骚扰无所不至。日本丰臣秀吉犯朝鲜，明朝发大兵数十万以援之，相持凡七年，并不能却敌，到秀吉死，日本兵才自退。神宗死后，熹宗继之，信任宦官魏忠贤，其专横又为前此所未有。统计明朝之事，自武宗以后，即已大坏，而其中世宗、神宗，均在位甚久。武宗即位，在一五〇六年，熹宗之死，在一六二七年，此一百二十二年之中，内忧外患，迭起交乘，明事已成不可收拾之局。思宗立，虽有志于振作，而已无能为力了。

第二十七章
明清的兴亡

　　文化是有传播的性质的，而其传播的路线，往往甚为纤曲。辽东、西自公元前四世纪，即成为中国的郡县，因其距中原较远，长驾远驭之力，有所不及，所以中国的政治势力，未能充分向北展拓，自吉林以东北，历代皆仅等诸羁縻。其地地质虽极肥沃，而稍苦寒；又北方扰攘时多，自河北经热河东北出之道，又往往为游牧民族所阻隔；所以中国民族，亦未能盛向东北拓殖。在这一个区域中，以松花江流域为最肥沃，其地距朝鲜甚近，中国的文化，乃从朝鲜绕了一个圈儿，以间接开化其地的女真民族。渤海、金、清的勃兴，都是如此。

　　清朝的祖先，据他们自己说，是什么天女所生的，这一望而知其为有意造作的神话。据近人所考证，明时女真之地，凡分三卫：曰海西卫，自今辽宁的西北境，延及吉林的西部。曰野人卫，地在吉、黑的东偏。曰建州卫，则在长白山附近。海西卫为清人所谓扈伦部，野人卫清人谓之东海部,建州卫则包括满洲长白山西部。清朝真正的祖先,所谓肇祖都督孟特穆,就是一四一二年受职为建州卫指挥使的猛哥帖木儿(明人所授指挥使,清人则称为"都督"。"孟特穆"为"猛哥帖木儿"异译),其初曾入贡受职于朝鲜的李朝。后为七姓野人所杀。其时的建州卫,还在朝鲜会宁府河谷。弟凡察立,迁居佟家江。后猛哥帖木儿之子董山,出而与凡察争袭。明朝乃分建州为左、右两卫,以董山为左卫指挥使,凡察为右卫指挥使。董山渐跋扈,明朝檄致广宁诛之。部下拥其子脱罗扰边(《清实录》作"妥罗",为肇祖之孙。其弟曰锡宝斋篇古。锡宝斋篇古之子曰兴祖都督福满,即景祖之父),声称报仇,但未久即寂然。自此左卫衰而右卫盛。右卫酋长王杲,居宽甸附近。为李成梁所破,奔扈伦部的哈达(叶赫在吉林西南,明人称为"北关"。哈达在开原北,明人称为"南关")。哈达执送成梁,成梁杀之。其子阿台,助叶赫攻哈达。满洲苏克苏浒部长尼堪外兰,为李成梁做乡导,攻杀阿台。满洲酋长叫场,即清朝所谓景祖觉昌安,其子他失,则清朝所谓显祖塔克世,塔克世的儿子努尔哈赤,就是清朝的太祖了。阿台系景祖孙婿,阿台败时,清景、显两祖亦死。清太祖仍受封于明,后来起兵攻破尼堪外兰。尼堪外兰逃奔明边。明朝非但不能保护,反把他执付清太祖。且开抚顺、清河、宽甸、瑷阳四关,和他互市。自此满洲人得以沐浴中国的文化,且借互市以润泽其经济,其势渐强。先服满洲诸部。扈伦、长白山诸部联合蒙古的科尔沁部来攻，清太祖败之，威声且达蒙古东部。又合叶赫灭哈达。至一六一六年，遂叛明。

时值明神宗之世。以杨镐为经略，发大兵二十万，分四路东征，三路皆败。满洲遂陷铁岭，灭叶赫。明以熊廷弼为经略。廷弼颇有才能，明顾旋罢之，代以袁应泰。应泰有吏才，无将略，辽、沈遂陷。清太祖初自今之长白县（清之兴京，其地本名"赫图阿拉"），迁居辽阳，后又迁居沈阳。明朝再起熊廷弼，又为广宁巡抚王化贞所掣肘。化贞兵败，辽西地多陷。明朝逮两人俱论死。旋得袁崇焕力守宁远。一六二六年，清太祖攻之，受伤而死。子太宗立，因朝鲜归心于明，屡犄满洲之后，太宗乃先把朝鲜征服了，还兵攻宁远、锦州，又大败。清人是时，正值方兴之势，自非一日可以削平，然其力亦并不能进取辽西。倘使明朝能任用如袁崇焕等人物，与之持久，辽东必可徐图恢复的，辽西更不必说了，若说要打进山海关，那简直是梦想。

所谓"流寇"，是无一定的根据地，流窜到哪里，裹胁到哪里的。中国疆域广大，一部分的天灾人祸，影响不到全国，局部的动乱，势亦不能牵动全国，只有当社会极度不安时，才会酿成如火燎原之势，而明季便是其时了。明末的流寇，是以一六二八年起于陕西的，正值思宗的元年。旋流入山西，又流入河北，蔓衍于四川、湖广之境。以李自成和张献忠为两个最大的首领。献忠系粗才，一味好杀，自成则颇有大略。清太宗既不得志于辽西，乃自喜峰口入长城，犯畿甸。袁崇焕闻之，亦兼程入援。两军相持，未分胜负。明思宗之为人，严而不明，果于诛杀。先是袁崇焕因皮岛守将毛文龙跋扈，将其诛戮（皮岛，今图作"海洋岛"），思宗疑之而未发。及是，遂信清人反间之计，把崇焕下狱杀掉，于是长城自坏。此事在一六二九年。至一六四○年，清人大举攻锦州。蓟辽总督洪承畴往援，战败，入松山固守。明年，松山陷，承畴降清。先是毛文龙死后，其将孔有德、耿仲明降清，引清兵攻陷广鹿岛（今图或作"光禄岛"），守将尚可喜亦降。清当太祖时，尚无意于入据中原，专发挥其仇视汉人的观念，得儒士辄杀，得平民则给满洲人为奴。太宗始变计抚用汉人，尤其优待一班降将。洪承畴等遂不恤背弃祖国，为之效力。于是政治军事的形势，又渐变了。但明兵坚守了山海关，清兵还无力攻陷。虽然屡次绕道长城各口，蹂躏畿甸，南及山东，毕竟不敢久留，不过明朝剿流寇的兵，时被其牵制而已。一六四三年，李自成陷西安。明年，在其地称帝。东陷太原，分兵出真定（今河北正定县），自陷大同、宣府，入居庸关。北京不守，思宗殉国于煤山。山海关守将吴三桂入援，至丰润，京城已陷。自成招三桂降，三桂业经允许了。旋闻爱妾陈沅被掠，大怒，遂走关外降清。"痛哭六军皆缟素，冲冠一怒为红颜"，民族战争时唯一重要的据点，竟因此兵不血刃而失陷，武人不知礼义的危险，真令人言之而色变了。

　　时清太宗已死，子世祖继立，年幼，叔父睿亲王多尔衮摄政，正在关外略地，闻三桂来降，大喜，疾趋受之。李自成战败，奔回陕西，清人遂移都北京。明人立神宗之孙福王由崧于南京，是为弘光帝。清人这时候，原只望占据北京，并不敢想全吞中国，所以五月三日入京，四日下令强迫人民剃发，到二十四日，即又将此令取消。而其传檄南方，亦说"明朝嫡胤无遗，用移大清，宅此北土，其不忘明室，辅立贤藩，戮力同心，共保江左，理亦宜然，予所不禁"。但弘光帝之立，是靠着凤阳总督马士英的兵力做背景的。士英遂引阉党阮大铖入阁，排去史可法。弘光帝又荒淫无度。清朝乃先定河南、山东，又分兵两道入关，李自成走死湖北。清人即移兵以攻江南。明朝诸将，心力不齐，史可法殉国于扬州，南京不守，弘光帝遂北狩，时在一六四五年。清朝既定江南，乃下令强迫人民剃发。当时有"留头不留发，留发不留头"之谚，其执行的严厉可想。此举是所以摧挫中国的民气的，其用意极为深刻酷毒。缘中国地大而人众，政治向来放任，人民和当地的政府，关系已浅，和中央政府，则几于毫无直接关系，所以朝代的移易，往往刺激不动人民的感情。至于衣服装饰，虽然看似无关紧要，然而习俗相沿，就是一种文化的表征，用兵力侵略的异族，强使故有的民族，弃其旧有的服饰而仿效自己，就不啻摧毁其文化，而且强替他加上一种屈服的标识。这无怪当日的人民，要奋起而反抗了。但是人民无组织已久了，临时的集合，如何能敌得久经征战的军队？所以当日的江南民兵，大都不久即败。南部亡后，明之遗臣，或奉鲁王以海监国绍兴，或奉唐王聿键正位福州，是为隆武帝。清人遣吴三桂陷四川，张献忠败死。别一军下江南，鲁王败走舟山。清兵遂入福建，隆武帝亦殉国。时为一六四七年。

西南之地，向来和大局是关系较浅的，龙拏虎攫，总在黄河、长江两流域，到明季，情形却又不同了。长江以南，以湘江流域开辟为最早。汉时杂居诸异族，即已大略同化。其资、沅、澧三水流域，则是隋、唐、北宋之世，逐渐开辟的。一四一三年，当明成祖之世，贵州之地，始列为布政司。其后水西的安氏，水东的宋氏，播州的杨氏（水西、水东，系分辖贵阳附近新土司的。播州，今遵义县），亦屡烦兵力，然后戡定。而广西桂林的古田、平乐的府江、浔州的大藤峡、梧州的岑溪，明朝亦费掉很大的兵力。云南地方，自唐时，大理独立为国，到元朝才把他灭掉。其时云南的学校，还不知崇祀孔子，而崇祀晋朝的王羲之，货币则所用的是海贻。全省大都用土官，即使正印是流官，亦必以土官为之副。但自元朝创立土司制度以来，而我族所以管理西南诸族的，又进一步。其制：异族酋长归顺的，我都授以某某司的名目，如宣慰司、招讨司之类，此之谓"土司"。有反叛、虐民或自相攻击的，则用政治手腕或兵力戡定，改派中国人治理其地，此之谓"改土归流"。明朝一朝，西南诸省，逐渐改流的不少，政治势力和人民的拓殖，都大有进步。所以到明末，已可用为抗敌的根据地。隆武帝亡后，明人立其弟聿𨮁于广州，旋为叛将李成栋所破。神宗之孙桂王由榔即位肇庆，是为永历帝，亦为成栋所迫，退至桂林。清又使降将孔有德、尚可喜、耿仲明下湖南，金声桓下江西。声桓、成栋旋反正。明兵乘机复湖南，川南、川东亦来归附。桂王一时曾有两广、云、贵、江西、湖南、四川七省之地，然声桓、成栋都系反复之徒，并无能力，不久即败。湖南亦复失。清兵且进陷桂林。永历帝逃到南宁，遣使封张献忠的余党孙可望为秦王。可望虽不过流寇，然其军队久经战阵，战斗力毕竟要强些。可望乃使其党刘文秀攻四川，吴三桂败走汉中。李定国攻桂林，孔有德伏诛。清朝乃派洪承畴守长沙，尚可喜守广东，又派兵驻扎保宁，以守川北，无意于进取了。而永历帝因可望跋扈，密召李定国，可望攻定国，大败，复降清。洪承畴因之请大举。一六五八年，清兵分三道入滇。定国扼北盘江力战，不能敌，乃奉永历帝走腾越，而伏精兵，大败清之追兵于高黎贡山。清兵乃还。定国旋奉永历帝入缅甸。一六六一年，吴三桂发大兵十万出边。缅甸人乃奉永历帝入三桂军。明年，被弑。明亡。当永历帝入缅时，刘文秀已前卒。定国和其党白文选崎岖缅甸，欲图恢复，卒皆赍志以终。定国等虽初为寇盗，而其晚节能效忠于国家、民族如此，真可使洪承畴、吴三桂等一班人愧死了。

汉族在大陆上虽已无根据地，然天南片土，还有保存着上国的衣冠的，是为郑成功。郑成功为郑芝龙的儿子。芝龙本系海盗，受明招安的。清兵入闽时，芝龙阴行通款，以致隆武帝败亡。成功却不肯叛国，退据厦门，练兵造船，为兴复之计。鲁王被清兵所袭，失去舟山，也是到厦门去依靠他的。清兵入滇时，成功曾大举入江，直迫江宁。后从荷兰人之手，夺取台湾，务农，训兵，定法律，设学校，俨然独立国的规模。清朝平定西南，本来全靠降将之力，所以事定之后，清朝并不能直接统治。乃封尚可喜于广东，耿仲明之子继茂于福建，吴三桂于云南，是为"三藩"。三藩中，吴三桂功最高，兵亦最强。一六七三年，尚可喜因年老，将兵事交给其儿子之信，反为所制，请求撤藩，清人许之。三桂和耿继茂的儿子耿精忠不自安，亦请撤藩，以觇朝意。时清世祖已死，子圣祖在位，年少气盛，独断许之，三桂遂叛清。耿、尚两藩亦相继举兵。清朝在西南，本无实力，三桂一举兵，而贵州、湖南、四川、广西俱下。但三桂暮气不振，既不能弃滇北上，想自出应援陕西响应的兵，又不及，徒据湖南，和清兵相持；耿、尚两藩，本来是反复无常的，此时苦三桂征饷，又叛降清，三桂兵势遂日蹙。一六七八年，三桂称帝于衡州。旋死，诸将乖离，其孙世璠，遂于一六八一年为清人所灭。清平定西南，已经出于意外了，如何再有余力，觊觎东南海外之地？所以清朝是时，已有和郑氏言和，听其不剃发，不易衣冠之意。但又有降将作祟。先是郑成功以一六六二年卒，子经袭，初和耿氏相攻，曾略得漳、泉之地。后并失厦门，退归台湾。其将施琅降清，清人用为提督。一六八一年，郑经卒，内部乖离。一六八三年，施琅渡海入台湾，郑氏亡。

第二十八章
清代的盛衰

清朝的猾夏，是远较辽、金、元为甚的。这是因为女真民族，在渤海和金朝时，业已经过两度的开化，所以清朝初兴时，较诸辽、金、元，其程度已觉稍高了。当太宗时，已能任用汉人，且能译读《金世宗本纪》，戒谕臣下，勿得沾染华风。入关之后，圈占民地，给旗人居住，这也和金朝将猛安谋克户迁入中原，是一样的政策。他又命旗兵驻防各省，但多和汉人分城而居，一以免其倚势欺凌，挑起汉人的恶感，一亦防其与汉人同化。其尤较金人为刻毒的，则为把关东三省都封锁起来，禁止汉人移殖。他又和蒙古人结婚姻，而且表面上装作信奉喇嘛教，以联络蒙古的感情，而把蒙古也封锁起来，不许汉人移殖，这可称之为"联蒙制汉"政策。他的对待汉人，为前代异族所不敢行的，则为明目张胆，摧折汉人的民族性。从来开国的君主，对于前代的叛臣投降自己的，虽明知其为不忠不义之徒，然大抵把这一层抹杀不提，甚且还用些能知天命，志在救民等好看的话头，替他掩饰，这个可说是替降顺自己的人留些面子。清朝则不然。对于投顺他的人，特立贰臣的名目，把他的假面具都剥光了。康、雍、乾三朝，大兴文字之狱，以摧挫士气。乾隆时开四库馆，编辑《四库全书》，却借此大烧其书。从一七六三年到一七八二年，二十年之中，共烧书二十四次，被烧掉的书有五百三十八种，一万三千八百六十二部之多。不但关涉清朝的，即和辽、金、元等有关涉的，亦莫不加以毁灭。其不能毁灭的，则加以改窜。他岂不知一手不能掩尽天下目？他所造作的东西，并不能使人相信？此等行为，更不能使人心服？不过肆其狠毒之气，一意孤行罢了。他又开博学鸿词科，设明史馆，以冀网罗明季的遗民。然被其招致的，全是二等以下的人物，真正有志节的，并没有入他彀中的啊！

从前的人民，对于政权，实在疏隔得太厉害了。所以当异族侵入的时候，民心虽然不服，也只得隐忍以待时，清初又是这时候了。从一六八三年台湾郑氏灭亡起，到一七九三年白莲教徒起兵和清朝反抗为止，凡一百一十年，海内可说无大兵革。清圣祖的为人，颇为聪明，也颇能勤于政治；就世宗也还精明。他们是一个新兴的野蛮民族，其骄奢淫逸，比之历年已久的皇室，自然要好些。一切弊政，以明末为鉴，自然也有相当的改良。所以康、雍之世，政治还算清明，财政亦颇有余蓄。到乾隆时，虽然政治业已腐败，社会的元气，亦已暗中凋耗了，然表面上却还维持着一个盛况。

武功是时会之适然。中国的国情，是不适宜于向外侵略的。所以自统一以后，除秦、汉两朝，袭战国之余风，君主有好大喜功的性质，社会上亦有一部分人，喜欢立功绝域外，其余都是守御之师。不过因为国力的充裕，所以只要（一）在我的政治相当清明，（二）在外又无方张的强敌，即足以因利乘便，威行万里。历代的武功，多是此种性质，而清朝亦又逢着这种幸运了。蒙古和西藏的民族，其先都是喜欢侵略的。自唐中叶后，喇嘛教输入吐蕃，而西藏人的性质遂渐变。明末，俺答的两个儿子侵入青海。其结果，转为青海地方的喇嘛教所感化，喇嘛教因此推行于蒙古，连蒙古人的性质，也渐趋向平和，这可说是近数百年来塞外情形的一个大转变。在清代，塞外的侵略民族，只剩得一个卫拉特了。而其部落较小，侵略的力量不足，卒为清人所摧破。这是清朝人的武功，所以能够煊赫一时的大原因。卫拉特即明代的瓦剌。当土木之变时，其根据地，本在东方。自蒙古复强，他即渐徙而西北。到清时，共分为四部：曰和硕特，居乌鲁木齐；曰准噶尔，居伊犁；曰杜尔伯特，居额尔齐斯河；曰土尔扈特，居塔尔巴哈台。清圣祖时，第巴桑结，招和硕特的固始汗入藏。和硕特自此徙牧青海，干涉西藏政权，桑结又恶之，招致准噶尔噶尔丹入藏，击杀了固始汗的儿子达颜汗。准噶尔先已慑服杜尔伯特，逐去土尔扈特，至此其势大张。一六八八年，越阿尔泰山攻击喀尔喀，三汗部众数十万，同时溃走漠南。清圣祖为之出兵击破噶尔丹。噶尔丹因伊犁旧地为其兄子策妄阿布坦所据，无所归，自杀。阿尔泰山以东平。固始汗的曾孙拉藏汗杀掉桑结。策妄阿布坦派兵入藏，袭杀拉藏汗。圣祖又派兵将其击破。一七二二年，圣祖死，世宗立。固始汗之孙罗卜藏丹津煽动青海的喇嘛反叛，亦为清兵所破。此时卫拉特的乱势，可谓蔓延甚广，幸皆未获逞志，然清朝亦未能犁庭扫穴。直至一七五四年，策妄阿布坦之子噶尔丹策凌死，其部落内乱，清高宗才于一七五七年将其荡平。至于天山南路，则本系元朝察哈尔后王之地，为回教区域。元衰后，回教教主的后裔有入居喀什噶尔的，后遂握有南路政教之权。准部既平，教主的后裔大小和卓木（大和卓木名布罗尼特，小和卓木名霍集占），和清朝反抗，亦于一七五九年为清所破灭。清朝的武功，以此时为极盛。天山南北路既定，葱岭以西之国，敖罕、哈萨克、布鲁特、乾竺特、博罗尔、巴达克山、布哈尔、阿富汗等，都朝贡于清，仿佛唐朝盛时的规模。一七九二年，清朝又用兵于廓尔喀，将其征服，则其兵力又为唐时所未至。对于西南一隅，则清朝的武功，是掩耳盗铃的。当明初，中国西南的疆域，实还包括今伊洛瓦底江流域和萨尔温、湄公两江上游（看《明史·西南土司传》可知）。但中国对于西南，实力并不充足，所以安南暂合而复离，而缅甸亦卒独立为国。中国实力所及，西不过腾冲，南不越普洱，遂成为今日的境界了。一七六七年，清高宗因缅甸犯边，发兵征之败没。一七六九年，又派大兵再举，亦仅因其请和，许之而还。这时候，暹罗为缅甸所灭。后其遗臣中国人郑昭，起兵复国，传其养子郑华，以一七八六年受封于中国，缅甸怕中国和暹罗夹攻它，对中国才渐恭顺。安南之王黎氏，明中叶后为其臣莫氏所篡，清初复国，颇得其臣阮氏之力，而其臣郑氏，以国戚执政，阮氏与之不协，乃南据顺化，形同独立。后为西贡豪族阮氏所灭，是为"新阮"，而顺化之阮氏，则称"旧阮"。新阮既灭旧阮，又入东京，灭郑氏，并废黎氏。黎氏遗臣告难中国。高宗于一七八八年为之出兵，击破新阮，复立黎氏。然旋为新阮所袭败，乃因新阮的请降，封之为王。总而言之，中国用兵于后印度，天时地利，是不甚相宜的，所以历代都无大功，到清朝还是如此。清朝用兵域外，虽不得利，然其在湘西、云、贵、四川各省，则颇能竟前代所未竟之功。在今湖南、贵州间，则开辟永顺、乾州、凤凰、永绥、松桃各府、厅；在云南，则将乌蒙、乌撒、东川、镇雄各土官改流（乌蒙，今云南昭通县。乌撒，今贵州威宁县）；在贵州，则平定以古州为中心的大苗疆（古州，今榕江县），这都是明朝未竟的余绪。四川西北的大小金川（大金川，今理番县的绥靖屯。小金川，今懋功县），用兵凡五年，糜饷至七千万，可谓劳费已甚，然综合全局看起来，则于西南的开拓，仍有裨益。

　　清朝的衰机，可说是起于乾隆之世的。高宗性本奢侈，在位时六次南巡，耗费无艺。中岁后又任用和珅，贪渎为古今所无。官吏都不得不剥民以奉之，上司诛求于下属，下属虐取于人民，于是吏治大坏。清朝历代的皇帝，都是颇能自握魁柄，不肯授权于臣下的。他以异族入主中原，汉族真有大志的人，本来未必帮他的忙。加以他们予智自雄，折辱大臣，摧挫言路，抑压士气，自然愈形孤立了。所以到乾、嘉之间，而局面遂一变。

第二十九章
中西初期的交涉

　　世界是无一息不变的，人，因其感觉迟钝，或虽有感觉而行为濡滞之故，非到外界变动，积微成著，使其感觉困难时，不肯加以理会，设法应付。正和我们住的屋子，非到除夕不肯加以扫除，以致尘埃堆积，扫除时不得不大费其力一样。中国自有信史以来，环境可说未曾大变。北方的游牧民族，凭恃武力，侵入我国的疆域之内是有的，但因其文化较低，并不能改变我们的生活方式，而且他还不得不弃其生活方式而从我，所以经过若干年之后，即为我们所同化。当其未被同化之时，因其人数甚少，其暴横和掠夺，也是有一个限度的，而且为时不能甚久。所以我们未曾认为是极大的问题，而根本改变我们的生活方式以应之。至于外国的文明，输入中国的，亦非无有。其中最亲切的，自然是印度的宗教。次之则是希腊文明，播布于东方的，从中国陆路和西域交通，海路和西南洋交通以后，即有输入。其后大食的文明，输入中国的亦不少。但宗教究竟是上层建筑，生活的基础不变，说一种宗教，对于全社会真会有什么大影响，是不确的。所以佛教输入中国之后，并未能使中国人的生活印度化，反而佛教的本身，倒起了变化，以适应我们的生活了。其余的文明，无论其为物质的、精神的，对社会上所生的影响，更其"其细已甚"。所以中国虽然不断和外界接触，而其所受的外来的影响甚微。至近代欧西的文明，乃能改变生活的基础，而使我们的生活方式，不得不彻底起一个变化，我们应付的困难，就从此开始了。但前途放大光明、得大幸福的希望，亦即寄托在这个大变化上。

西人的东来，有海陆两路，而海路又分两路：（一）自大西洋向东行，于一五一六年绕过好望角，自此而至南洋、印度及中国。（二）自大西洋向西行，于一四九二年发现美洲，一五一九年环绕地球，其事都在明武宗之世。初期在海上占势力的是西、葡。后来英、荷继起，势力反驾乎其上。但其在中国，因葡萄牙人独占了澳门之故，势力仍能凌驾各国，这是明末的情形。清初，因与荷兰人有夹攻台湾郑氏之约，许其商船八年一到广东，然其势力，亦远非葡萄牙之敌。我们试将较旧的书翻阅，说及当时所谓洋务时，总是把"通商传教"四字并举的。的确，我们初期和西洋人的接触，不外乎这两件事。通商本两利之道，但这时候的输出入品，还带有奢侈性质，并非全国人所必需，而近世西人的东来，我们却自始对他存着畏忌的心理。这是为什么呢？其（一）中国在军事上，是畏恶海盗的。因为从前的航海之术不精，对海盗不易倾覆其根据地，甚而至于不能发现其根据地。（二）中国虽发明火药，却未能制成近世的枪炮。近世的枪炮，实在是西人制成的，而其船舶亦较我们的船舶为高大，军事上有不敌之势。（三）西人东来的，自然都是些冒险家，不免有暴横的行为。而因传教，更增加了中国畏忌的心理。近代基督教的传布于东方，是由耶稣会（Jesuit）开始的。其教徒利玛窦（Matteo Ricci），以一五八一年始至澳门，时为明神宗万历五年。后入北京朝献，神宗许其建立天主堂。当时基督教士的传教，是以科学为先驱；而且顺从中国的风俗，不禁华人祭天、祭祖、崇拜孔子的。于是在中国的反应，发生两派：其（一）如徐光启、李之藻等，服膺其科学，因而亦信仰其宗教。其（二）则如清初的杨光先等，正因其人学艺之精，传教的热烈，而格外引起其猜忌之心。在当时，科学的价值，不易为一般人所认识，后一派的见解，自然容易得势。但是输入外国的文明，在中国亦由来已久了。在当时，即以历法疏舛，旧有的回回历法，不如西洋历法之精，已足使中国人引用教士，何况和满洲人战争甚烈，需要教士制造枪炮呢？所以一六一六年，基督教一度被禁止传播后，到一六二一年，即因命教士制造枪炮而复解禁。后更引用其人于历局。清初，汤若望（Joannes Adams Schall Von Bell）亦因历法而被任用。圣祖初年，为杨光先所攻击，一时失势。其后卒因旧法的疏舛，而南怀仁（Ferdinandus Verbiest）复见任用。圣祖是颇有科学上的兴趣的，在位时引用教士颇多。然他对于西洋人，根本上仍存着一种畏恶的心理。所以在他御制的文集里，曾说"西洋各国，千百年后，中国必受其累"。这在当时的情势下，亦是无怪其然的。在中国一方面，本有这种心理潜伏着，而在西方，适又有别一派教士，攻击利玛窦一派于教皇，说他们卖教求荣，容许中国的教徒崇拜偶像。于是教皇派多罗（Tourmon）到中国来禁止。这在当时的中国，如何能说得明白？于是圣祖大怒，将多罗押还澳门，令葡萄牙人看管，而令教士不守利玛窦遗法的都退出（教皇仍不变其主张，且处不从令的教士以破门之罚。教士传教中国者，遂不复能顺从中国人的习惯，此亦为中西隔阂之一因）。至一七一七年，碣石镇总兵陈昂说"天主教在各省开堂聚众，广州城内外尤多，恐滋事端，请严旧例严禁"，许之。一七二三年，闽浙总督满保请除送京效力人员外，概行安置澳门；各省天主堂，一律改为公廨，亦许之。基督教自此遂被禁止传布。然其徒之秘密传布如故。中国社会上，本有一种所谓邪教，其内容仅得之于传说，是十分离奇的（以此观之，知历来所谓邪教者的传说，亦必多诬蔑之辞），至此，遂将其都附会到基督教身上去；再加以后来战败的耻辱，因战败而准许传教，有以兵力强迫传布的嫌疑，遂伏下了几十年教案之根。至于通商，在当时从政治上看起来，并没有维持的必要。既有畏恶外人的心理，就禁绝了，也未为不可的。但这是从推理上立说，事实上，一件事情的措置，总是受有实力的人的意见支配的。当时的通商，虽于国计民生无大关系，而在官和商，则都是大利之所在，如何肯禁止？既以其为私利所在而保存之，自然对于外人，不肯不剥削，就伏下了后来五口通商的祸根。海路的交通，在初期，不过是通商传教的关系，至陆路则自始即有政治关系。北方的侵略者，乃蒙古高原的民族，而非西伯利亚的民族，这是几千年以来，历史上持续不变的形势。但到近代欧洲的势力向外发展时，其情形也就变了。十五世纪末叶，俄人脱离蒙古的羁绊而自立。其时可萨克族（Kazak，即哈萨克）又附俄，为之东略。于是西伯利亚的广土，次第被占。至明末，遂达鄂霍次克海，骚扰且及于黑龙江。清初因国内未平，无暇顾及外攘。至三藩既平，圣祖乃对外用兵。其结果，乃有一六八八年的《尼布楚条约》。订定西以额尔古纳河，东自格尔必齐河以东，以外兴安岭为界。俄商得三年一至京师。此约俄人认为系用兵力迫胁而成，心怀不服，而中国对边陲，又不能实力经营，遂伏下咸丰时戊午、庚申两约的祸根。当《尼布楚条约》签订时，中、俄的边界问题，还只限于东北方面。其后外蒙古归降中国（前此外蒙古对清，虽曾通商，实仅羁縻而已），于是俄、蒙的界务，亦成为中、俄的界务。乃有一七二七年的《恰克图条约》，规定额尔古纳河以西的边界，至沙宾达巴哈为止。自此以西，仍属未定之界。至一七五五、一七五九两年，中国次第平定准部、回部，西北和俄国接界处尤多，其界线问题，亦延至咸丰时方才解决。

近代欧人的到广东来求通商，事在一五一六年，下距五口通商时，业经三百余年了。但在五口通商以前，中国讫未觉得其处于另一个不同的世界中，还是一守其闭关独立之旧。清开海禁，事在一六八五年。于澳门、漳州、宁波、云台山设关四处。其后宁波的通商，移于定海，而贸易最盛于广东。当时在中国方面，贸易之权，操于公行之手，剥削外人颇深。外人心抱不平，乃舍粤西趋浙。一七五八年，清高宗又命把浙海关封闭，驱归广东。于是外人之不平更甚。英国曾于一七九二、一八一〇年两次派遣使臣到中国，要求改良通商办法，均未获结果。其时中国官吏并不能管理外人，把其事都交给公行。官吏和外人的交涉，一切都系间接。自一七八一年以后，英国在中国的贸易，为东印度公司所专。其代理人，中国谓之"大班"，一切交涉，都是和他办的。一八三四年，公司的专利权被废止。中国说散商不便制驭，传令其再派大班。英人先后派商务监督和领事前来，中国都仍认为是大班，官厅不肯和他平等交涉。适会鸦片输入太甚，因输出入不相抵，银之输出甚多。银在清朝是用为货币的，银荒既甚，财政首受其影响，遂有一八三九年林则徐的烧烟。中、英因此酿成战衅。其结果，于一八四二年在南京订立条约。中国割香港，开广州、厦门、福州、宁波、上海五口通商。废除行商。中、英两国官员，规定了交际礼节。于是前此以天朝自居，英国人在陆上无根据地，及贸易上的限制都除去了。英约定后，法、美、瑞典，遂亦相继和中国立约。唯俄人仍不许在海口通商。中西积久的隔阂，自非用兵力迫胁，可以解除于一时。于是又有一八五七年的冲突。广州失陷，延及京、津。清文宗为之出奔热河。其结果，乃有一八五八年和一八六〇年《天津》《北京》两条约。此即所谓咸丰戊午、庚申之役。此两次的英、法条约，系将五口通商以后外人所得的权利，作一个总结束的。领事裁判，关税协议，内地通商及游历、传教，外国派遣使臣，都在此两约中规定。美国的《天津条约》，虽在平和中交换，然因各约都有最惠国条款，所以英、法所享的权利，美国亦不烦一兵而得享之。至于俄国，则自十九世纪以还，渐以实力经营东方。至一八五〇年顷，黑龙江北之地，实际殆已尽为所据。至一八五八年，遂迫胁黑龙江将军奕山，订立《瑷珲条约》，尽割黑龙江以北，而将乌苏里江以东之地，作为两国共管。一八六〇年，又借口调停英、法战事，再立《北京条约》，并割乌苏里江以东。而西北边界，应当如何分划，亦在此约中规定了一个大概。先是伊犁和塔尔巴哈台方面，已许俄国通商，至是再开喀什噶尔，而海口通商及传教之权，亦与各国一律。而且规定俄人得由恰克图经库伦、张家口进京。

京城和恰克图间的公文，得由台站行走。于是蒙古、新疆的门户，亦洞开了。总而言之：自一八三八年林则徐被派到广东查办海口事件起，至一八六〇年各国订立《北京条约》为止，中国初期与外国交涉的问题，告一结束。其所涉及的，为：（一）西人得在海口通商，（二）赴内地通商、游历、传教，（三）税则，（四）审判，（五）沿海航行，（六）中、俄陆路通商，及（七）边界等问题。

第三十章
汉族的光复运动

　　一个民族，进步到达于某一程度之后，就决不会自忘其为一个独立的民族了。虽然进化的路径，是曲线的，有时不免暂为他族所压服。一七二九年，即清世宗的雍正七年，曾有过这样一道上谕。他说："从前康熙年间各处奸徒窃发，辄以朱三太子为名，如一念和尚、朱一贵者，指不胜屈。近日尚有山东人张玉，假称朱姓，托于明之后裔，遇星士推算有帝王之命，以此希冀蛊惑愚民，现被步军统领拿获究问。从来异姓先后继统，前朝之宗姓，臣服于后代者甚多，否则隐匿姓名，伏处草野，从未有如本朝奸民，假称朱姓，摇惑人心若此之众者。似此蔓延不息，则中国人君之子孙，遇继统之君，必至于无噍类而后已，岂非奸民迫之使然乎？"这一道上谕，是因曾静之事而发的。曾静是湖南人，读浙江吕留良之书，受着感动，使其徒张熙往说岳钟琪叛清，钟琪将其事举发。吕留良其时已死，因此遭到了剖棺戮尸之祸。曾静、张熙暂时免死拘禁，后亦被杀。这件事，向来被列为清朝的文字狱之一，其实乃是汉族图谋光复的实际行动，非徒文字狱而已。一七二九年，为亡清入关后之八十六年，表面上业已太平，而据清世宗上谕所说，则革命行动的连续不绝如此，可见一部分怀抱民族主义的人，始终未曾屈服了。怀抱民族主义的人，是中下流社会中都有的。中流社会中人的长处，在其知识较高，行动较有方策，且能把正确的历史知识，留传到后代，但直接行动的力量较弱。下流社会中人，直接行动的力量较强，但其人智识缺乏，行动起来，往往没有适当的方策，所以有时易陷于失败，甚至连正确的历史，都弄得缪悠了。清朝最大的会党，在北为哥老会，在南为天地会，其传说大致相同。天地会亦称"三合会"，有人说就是三点会，南方的清水、匕首、双刀等会，皆其支派。据他们的传说：福建莆田县九连山中，有一个少林寺，僧徒都有武艺，曾为清征服西鲁国。后为奸臣所谗，清主派兵去把他们剿灭。四面密布火种，缘夜举火，想把他们尽行烧死。有一位神道，唤作"达尊"，使其使者朱开、朱光，把十八个和尚引导出来。这十八个和尚且战且走，十三个战死了。剩下来的五个，就是所谓"前五祖"。又得五勇士和"后五祖"为辅，矢志反汩复泪。"汩"就是"清"字，"泪"就是"明"字，乃会中所用的秘密符号。他们自称为"洪家"。把"洪"字拆开来则是三八二十一，他们亦即用为符号。"洪"字大约是用的明太祖开国的年号"洪武"；或者"洪与"红"同音，"红"与朱同色，寓的明朝国姓的意思，亦未可知。据他们的传说：他们会的成立，在一六七四年。曾奉明思宗之裔举兵而无成，乃散而广结徒党，以图后举。此事见于日本平山周所著的《中国秘密社会史》（平山周为中山先生的革命同志，曾身入秘密社会，加以调查）。据他说："后来三合会党的举事，连续不绝。其最著者，如一七八七年，即清高宗乾隆五十二年台湾林爽文之变便是。一八三二年，即宣宗道光十二年，两广、湖南的瑶乱，亦有三合会党在内。鸦片战争既起，三合会党尚有和海峡殖民地的政府接洽，图谋颠覆清朝的。"其反清复明之志，可谓终始不渝了。而北方的白莲教徒的反清，起于一七九三年，即乾隆五十八年，蔓延四川、湖北、河南、陕西四省，至一八〇四年，即仁宗嘉庆九年而后平定，此即向来的史家称为川、楚教匪，为清朝最大的内乱之始的，其所奉的王发生，亦诈称明朝后裔，可见北方的会党，反清复明之志，亦未尝变。后来到一八一三年，即嘉庆十八年，又有天理教首林清，图谋在京城中举事，至于内监亦为其内应，可见其势力之大。天理教亦白莲教的支派余裔，又可见反清复明之志，各党各派，殊途同归了。而其明目张胆，首传讨胡之檄的，则为太平天国。

太平天国天王洪秀全，系广东花县人，生于一八一二年，恰在民国纪元之前百年。结合下流社会，有时是不能不利用宗教做工具的。广东和外人交通早，所以天王所创的宗教，亦含有西教的意味。他称耶和华为"天父"，基督为"天兄"，而已为其弟。乘广西年饥盗起，地方上有身家的人所办的团练和贫苦的客民冲突，以一八五〇年，起事于桂平的金田村。明年，下永安，始建国号。又明年，自湖南出湖北，沿江东下。一八五三年，遂破江宁，建都其地，称为"天京"。当天国在永安时，有人劝其北出汉中，以图关中；及抵武汉时，又有人劝其全军北上，天王都未能用。既据江宁，耽于声色货利，不免渐流于腐败。天王之为人，似只长于布教，而短于政治和军事。委政于东王杨秀清，尤骄恣非大器。始起诸王，遂至互相残杀。其北上之军，既因孤行无援，而为清人所消灭。溯江西上之兵，虽再据武汉，然较有才能的石达开，亦因天京的政治混乱，而和中央脱离了关系。清朝却得曾国藩，训练湘军，以为新兴武力的中坚。后又得李鸿章，招募淮军，以为之辅。天国徒恃一后起之秀的李秀成，只身支柱其间，而其余的政治军事，一切都不能和他配合。虽然兵锋所至达十七省（内地十八省中，唯甘肃未到），前后共历十五年，也不得不陷于灭亡的悲运了。太平天国的失败，其责实不在于军事而在于政治。他的兵力，是够剽悍的。其扎实垒、打死仗的精神，似较之湘、淮军少逊，此乃政治不能与之配合之故，而不能悉归咎于军事。若再推究得深些，则其失败，亦可以说是在文化上。（一）社会革命和政治革命，很不容易同时并行，而社会革命，尤其对社会组织，前因后果，要有深切的认识，断非头脑简单、手段灭裂的均贫富主义所能有济。中国的下流社会中人，是向来有均贫富的思想的，其宗旨虽然不错，其方策则决不能行。今观太平天国所定的，把天下田亩，按口均分；二十五家立一国库，婚丧等费用，都取给国库，私用有余，亦须缴入国库等；全是极简单的思想，极灭裂的手段。知识浅陋如此，安能应付一切复杂的问题？其政治的不免于紊乱，自是势所必然了。（二）满洲人入据中原，固然是中国人所反对，而是时西人对中国，开始用兵力压迫，亦为中国人所深恶的，尤其是传教一端。太平天国初起时，即发布讨胡之檄。"忍令上国衣冠，沦于夷狄？相率中原豪杰，还我河山"，读之亦使人气足神王。倘使他们有知识，知道外力的压迫，由于满清的失政，郑重提出这一点，固能得大多数人的赞成；即使专提讨胡，亦必能得一部分人的拥护。而他们后来对此也模糊了，反而到处传播其不中不西的上帝教，使反对西教的士大夫，认他为文化上的大敌，反而走集于清朝的旗帜之下。这是太平天国替清朝做了掩蔽，而反以革命的对象自居，其不能成事，实无怪其然了。湘、淮军诸将，亦是一时人杰，并无一定要效忠于满清的理由，他们的甘为异族作伥，实在是太平天国的举动，不能招致豪杰，而反为渊殴鱼。所以我说他政治上的失败，还是文化上的落后。

和太平天国同时的，北方又有捻党，本蔓延于苏、皖、鲁、豫四省之间。一八六四年，天国亡，余众多合于捻，而其声势乃大盛。分为东西两股。清朝任左宗棠、李鸿章以攻之。至一八六七、一八六八两年，然后先后平定。天国兵锋，侧重南方，到捻党起，则黄河流域各省，亦无不大被兵灾了，而回乱又起于西南，而延及西北。云南的回乱，起于一八五五年，至一八七二年而始平，前后共历十八年。西北回乱，则起于一八六二年，自陕西延及甘肃，并延及新疆。浩罕人借兵给和卓木的后裔，入据喀什喀尔。后浩罕之将阿古柏帕夏杀和卓木后裔而自立，意图在英、俄之间，建立一个独立国。英、俄都和他订结通商条约，且曾通使土耳其。英使且力为之请，欲清人以天山南北路之地封之。清人亦有以用兵劳费，持是议者。幸左宗棠力持不可。西捻既平之后，即出兵以剿叛回。自一八七五年至一八七八年，前后共历四年，而南北两路都平定。阿古柏帕夏自杀。当回乱时，俄人虽乘机占据伊犁，然事定之后，亦获返还。虽然画界时受损不少，西北疆域，大体总算得以保全。

清朝的衰机，是潜伏于高宗，暴露于仁宗，而大溃于宣宗、文宗之世的。当是时，外有五口通商和咸丰戊午、庚申之役，内则有太平天国和捻、回的反抗，几于不可收拾了。其所以能奠定海宇，号称中兴，全是一班汉人，即所谓中兴诸将，替他效力的。清朝从道光以前，总督用汉人的很少，兵权全在满族手里。至太平天国兵起，则当重任的全是汉人。文宗避英、法联军，逃奔热河，一八六一年，遂死于其地。其时清宗室中，载垣、端华、肃顺三人握权。载垣、端华亦是妄庸之徒，肃顺则颇有才具，力赞文宗任用汉人，当时内乱的得以削平，其根基实定于此。文宗死，子穆宗立。载垣、端华、肃顺等均受遗诏，为赞襄政务大臣。文宗之弟恭亲王奕䜣，时留守京师，至热河，肃顺等隔绝之，不许其和文宗的皇后钮钴禄氏和穆宗的生母叶赫那拉氏相见。后来不知如何，奕䜣终得和她们相见了，密定回銮之计。到京，就把载垣、端华、肃顺都杀掉。于是钮钴禄氏和叶赫那拉氏同时垂帘听政（钮钴禄氏称"母后皇太后"，死谥"孝贞"。叶赫那拉氏称"圣母皇太后"，死谥"孝钦"。世称孝贞为"东宫太后"，孝钦为"西宫太后"），钮钴禄氏是不懂得什么的，大权都在叶赫那拉氏手里。叶赫那拉氏和肃顺虽系政敌，对于任用汉人一点，却亦守其政策不变，所以终能削平大难。然自此以后，清朝的中央政府即无能为，一切内政、外交的大任，多是湘、淮军中人物，以疆臣的资格决策或身当其冲。军机及内阁中，汉人的势力亦渐扩张。所以在这个时候，满洲的政权，在实际上已经覆亡了，只因汉人一方面，一时未有便利把他推倒，所以名义又维持了好几十年。

第三十一章
清朝的衰乱

太平天国既亡，捻、回之乱复定，清朝一时号称中兴。的确，遭遇如此大难，而一个皇室，还能维持其政权于不敝的，在历史上亦很少见。然清室的气运，并不能自此好转，仍陵夷衰微以至于覆亡，这又是何故呢？这是世变为之。从西力东侵以后，中国人所遭遇到的，是一个旷古未有的局面，决非任何旧方法所能对付。孝钦皇后自亦有其相当的才具，然她的思想是很陈旧的。试看她晚年的言论，还时时流露出道、咸时代人的思想来可知。大约她自入宫以后，就和外边隔绝了，时局的真相如何，她是不得而知的。她的思想，比较所谓中兴名臣，还要落后许多。当时应付太平天国，应付捻、回，所用的都是旧手段，她是足以应付的。内乱既定之后，要进而发愤自强，以御外患，就非她所能及了。不但如此，即当时所谓中兴名臣，要应付这时候的时局，也远觉不够。他们不过任事久了，经验丰富些，知道当时的一种迂阔之论不足用，他们亦觉得中国所遭遇的，非复历史上所有的旧局面，但他们所感觉到的，只是军事。因军事而牵及于制造，因制造而牵及于学术，如此而已。后来的人所说的"西人自有其立国之本，非仅在械器之末"，断非这时候的人所能见得到的，这亦无怪其然。不但如此，在当时中兴诸将中，如其有一个首领，像晋末的宋武帝一般，入据中央，大权在握，而清朝的皇帝，仅保存一个名义，这一个中央政府，又要有生气些。而无如中兴诸将，地丑德齐，没有这样的一个人物。而且他们多数是读书人，既有些顾虑君臣的名义，又有些顾虑到身家、名誉，不敢不急流勇退。清朝对于汉人，自然也不敢任之过重。所以当时主持中枢的，都是些智识不足、软弱无力，甚至毫无所知之人。士大夫的风气，在清时本是近于阘茸而好利的。湘军的中坚人物，一时曾以坚贞任事的精神为倡。然少数人的提倡，挽回不过积重的风气来，所以大乱平定未久，而此种精神，即已迅速堕落。官方士习，败坏如故。在同、光之世，曾产生一批所谓清流，喜唱高调，而于事实茫无所知，几于又蹈宋、明人的覆辙。幸而当时的情势，不容这一种人物发荣滋长，法、越之役，其人有身当其冲而失败的，遂亦销声匿迹了。而士大夫仍成为一奄奄无气的社会。政府和士大夫阶级，其不振既如此，而宫廷之间，又发生了变故。清穆宗虽系孝钦后所生，顾与孝钦不协。立后之时，孝贞、孝钦，各有所主。穆宗顺从了孝贞的意思。孝钦大怒，禁其与后同居。穆宗郁郁，遂为微行，致疾而死。醇亲王奕譞之妻，为孝钦后之妹，孝钦因违众议立其子载湉，是为德宗。年方四岁，两宫再临朝。后孝贞后忽无故而死，孝钦后益无忌惮，宠任宦官，骄淫奢侈，卖官鬻爵，无所不为。德宗亲政之后，颇有意于振作，而为孝钦所扼，母子之间，嫌隙日深，就伏下戊戌政变的根源了。

内政的陵夷如此，外交的情势顾日急。中国历代所谓藩属，本来不过是一个空名，实际上得不到什么利益的。所以论政之家，多以疲民力、勤远略为戒。但到西力东侵以来，情形却不同了。所谓藩属，都是屏蔽于国境之外的，倘使能够保存，敌国的疆域，即不和我国直接，自然无所肆其侵略。所以历来仅有空名的藩属，到这时候，倒确有藩卫的作用了。但以中国外交上的习惯和国家的实力，这时候，如何说得上保存藩属？于是到十九世纪，而朝贡于中国之国，遂悉为列强所吞噬。我们现在先从西面说起：哈萨克和布鲁特，都于一八四〇年顷，降伏于俄。布哈尔、基华，以一八七三年沦为俄国的保护国。浩罕以一八七六年为俄所灭。巴达克山以一八七七年受英保护，干竺特名为两属，实际上我亦无权过问。于是自葱岭以西朝贡之国尽了。其西南，则哲孟雄，当英、法联军入北京之年，英人即在其境内获得铁路敷设权。缅甸更早在一八二六年和一八五一年和英人启衅战败，先后割让阿萨密、阿剌干、地那悉林及白古，沿海菁华之地都尽。安南旧阮失国后，曾介教士乞援于法。后来乘新阮之衰，借暹罗之助复国，仍受封于中国，改号为越南。当越南复国时，法国其实并没给予多大的助力。然法人的势力，却自此而侵入，交涉屡有葛藤。至一八七四年，法人遂和越南立约，认其为自主之国。我国虽不承认，法国亦置诸不理。甚至新兴的日本，亦于一八七九年将自明、清以来受册封于中国的琉球灭掉。重大的交涉，在西北，则有一八八一年的《伊犁条约》。当回乱时，伊犁为俄国所据，中国向其交涉，俄人说：不过代中国保守，事定即行交还的。及是，中国派了一个昏聩糊涂的崇厚去，只收回了一个伊犁城，土地割弃既多，别种权利，丧失尤巨。中国将崇厚治罪，改派了曾纪泽，才算把地界多收回了些，别种条件，亦略有改正。然新疆全境，都准无税通商；肃州、吐鲁番，亦准设立领事；西北的门户，自此洞开了。在西南，则英国屡求派员自印度经云南入西藏探测，中国不能拒，许之。一八七五年，英人自印度实行派员入滇，其公使又遣其参赞，自上海至云南迎接。至腾越，为野人所杀。其从印度来的人员，亦被人持械击阻。这件事，云贵总督岑毓英，实有指使的嫌疑，几至酿成重大的交涉。次年，乃在芝罘订立条约：允许滇、缅通商，并开宜昌、芜湖、温州、北海为商埠。许英国派员驻扎重庆，察看商务情形，俟轮船能开抵时，再议开埠事宜。此为西人势力侵入西南之始。至一八八二年，而法、越的战事起。我兵初自云南、广西入越的都不利，海军亦败于福州。然后来冯子材有镇南关之捷，乘势恢复谅山。法人是时的情形，亦未能以全力作战，实为我国在外交上可以坚持的一个机会。但亦未能充分利用。其结果，于一八八五年订立条约，承认法国并越，并许在边界上开放两处通商（后订开龙州、蒙自、蛮耗。一八九五年之约，又订以河口代蛮耗，增开思茅）。英人乘机，于一八八五年灭缅甸。中国亦只得于其明年立约承认。先是《芝罘条约》中，仍有许英人派员入藏的条款，至是，中国乘机于《缅约》中将此款取消。然及一八八八年，英、藏又在哲孟雄境内冲突，至一八九〇年，中国和英人订立《藏印条约》，遂承认哲孟雄归英保护。一八九三年，续议条约，复订开亚东关为商埠，而藏人不肯履行，又伏下将来的祸根。

对外交涉的历次失败，至一八九四年中、日之战而达于极点。中、日两国，同立国于东方，在历史上的关系，极为深切，当西力东侵之际，本有合作御侮的可能。但这时候，中国人对外情太觉隔阂，一切都不免以猜疑的态度出之，而日方则褊狭性成，专务侵略，自始即不希望和中国合作。中、日的订立条约，事在一八七一年。领判权彼此皆有。进口货物，按照海关税则完纳，税则未定的，则直百抽五，亦彼此所同。内地通商，则明定禁止。在中国当日，未始不想借此为基本，树立一改良条约之基，然未能将此意开诚布公，和日本说明。日本则本不想和中国合作，而自始即打侵略的主意，于是心怀不忿。至一八七四年，因台湾生番杀害日本漂流的人民，径自派兵前往攻击。一八七九年，又灭琉球。交涉屡有葛藤，而其时朝鲜适衰微不振，遂为日本踏上大陆的第一步，成为中、日两国权利冲突的焦点。一八九四年，日人预备充足，蓄意挑衅，卒至以兵戎相见。我国战败之后，于其明年，订立《马关条约》。除承认朝鲜自主外，又割台湾和辽东半岛，赔款至二万万两。改订通商条约，悉以中国和泰西各国所定的约章为准，而开辟沙市、重庆、苏州、杭州为商埠，日人得在通商口岸从事于制造，则又是泰西各国所求之历年，而中国不肯允许的。此约既定之后，俄国联合德、法，加以干涉，日人乃加索赔款三千万两，而将辽东还我。因此而引起一八九六年的《中俄密约》，中国许俄国将西伯利亚铁路经过黑、吉两省而达到海参崴。当时传闻，俄国还有租借胶州湾的密约，于是引起德国的强占胶州湾而迫我立九十九年租借之约，并获得建造胶济铁路之权。俄人因此而租借旅、大，并许其将东省铁路展筑一支线。英人则租借威海卫，法人又租借广州湾。我国沿海业经经营的军港，就都被占据了。其在西南：则法国因干涉还辽之事，向我要索报酬，于一八九五年订立《续议界务商务专条》，云南、两广开矿时，许先和法人商办。越南已成或拟设的铁路，得接至中国境内。并将前此允许英国不割让他国的孟连、江洪的土地，割去一部分。于是英国再向我国要求，于一八九七年订立《中缅条约附款》。云南铁路允与缅甸连接，而开放三水、梧州和江根墟。外人的势力，侵入西南益深了。又自俄、德两国，在我国获得铁路敷设权以来，各国亦遂互相争夺。俄人初借比国人出面，获得芦汉铁路的敷设权。英人因此要求津镇、河南到山东、九广、浦信、苏杭甬诸路。俄国则要求山海关以北铁路，由其承造。英国又捷足先得，和中国订定了承造牛庄至北京铁路的合同。英、俄旋自相协议，英认长城以北的铁路归俄承造，俄人则承认长江流域的铁路归英承造。英、德又自行商议，英认山西及自山西展筑一路至江域外，黄河流域的铁路归德，德认长江流域的铁路归英。凡铁路所至之处，开矿之权利亦随之。各国遂沿用分割非洲时的手段，指我国之某处，为属于某国的势力范围，而要求我以条约或宣言，承认其地不得割让给别国。于是瓜分之论，盛极一时。而我国人亦于其时警醒了。

第三十二章
清朝的覆亡

　　自西力东侵，而中国人遭遇到旷古未有的变局。值旷古未有的变局，自必有非常的手段，然后足以应付之，此等手段，自非本来执掌政权的阶级所有，然则新机从何处发生呢？其（一）起自中等阶级，以旧有的文化为根柢的，是为戊戌维新。其（二）以流传于下级社会中固有的革命思想为渊源，采取西洋文化，而建立成一种方案的，则为辛亥革命。戊戌变法，康有为是其原动力。康有为的学问，是承袭清代经学家今文之学的余绪，而又融合佛学及宋、明理学而成的。（一）因为他能承受今文之学的"非常异义"，所以能和西洋的民主主义接近。（二）因为他能承受宋学家彻底改革的精神，所以他的论治，主于彻底改革，主张设治详密，反对向来"治天下不如安天下，安天下不如与天下安"的苟简放任政策。（三）主张以中坚阶级为政治的重心，则士大夫本该有以天下为己任的大志，有互相团结的精神。宋、明人的讲学，颇有此种风概。入清以来，内鉴于讲学的流弊，外慑于异族的淫威，此等风气，久成过去了。康有为生当清代威力已衰，政令不复有力之时，到处都以讲学为事。他的门下，亦确有一班英多磊落之才。所以康有为的学问及行为，可以说是中国旧文化的复活。他当甲午战前，即已上书言事。到乙未之岁，中、日议和的时候，他又联合入京会试的举人，上书主张迁都续战，因陈变法自强之计，书未得达。和议成后，他立强学会于北京，想联合士大夫，共谋救国。会被封禁。其弟子梁启超走上海，主持《时务报》旬刊，畅论变法自强之义。此报一出，风行海内，而变法维新，遂成为一时的舆论。康有为又上书两次。德占胶州湾时，又入京陈救急之计。于是康有为共上书五次，只一次得达。德宗阅之，颇以为然。岁戊戌，即一八九八年，遂擢用有为等以谋变法。康有为的宗旨，在于大变和速变。大变所以谋全盘的改革，速变则所以应事机而振精神。他以为变法的阻力，都是由于有权力的大臣，欲固其禄位之私，于是劝德宗勿去旧衙门，但设新差使。他以为如此即可减少阻力。但阻碍变法的，固非尽出于保存禄位之私；即以保存禄位论，权已去，利亦终不可保，此固不足以安其心。何况德宗和孝钦后素有嫌隙，德宗又向来无权，于是有戊戌的政变。政变以后，德宗被幽，有为走海外，立保皇党，以推翻孝钦后，扶德宗亲政相号召。然无拳无勇，复何能为？而孝钦后以欲捕康、梁不得；欲废德宗，又为公使所反对；迁怒及于外人。

其时孝钦后立端郡王载漪之子溥儁为大阿哥，载漪因急欲其子正位。宗戚中亦有附和其事，冀立拥戴之功的。而极陈旧的，"只要中国人齐心，即可将外国人尽行逐去，回复到闭关时代之旧"的思想，尚未尽去。加以下层社会中人，身受教案切肤之痛，益以洋人之强唯在枪炮，而神力可以御枪炮之说，遂至酿成一九〇〇年间义和团之乱。亲贵及顽固大臣，因欲加以利用，乃有纵容其在京、津间杀教士，焚教堂，拆铁路，倒电杆，见新物则毁，见用洋货的人则杀的怪剧。并伪造外人的要求条件，以恐吓孝钦后，而迫其与各国同时宣战。意欲于乱中取利，废德宗而立溥儁。其结果，八国联军入京城，德宗及孝钦后走西安。一九一〇年的和约，赔款至四百五十兆。京城通至海口路上的炮台，尽行拆去。且许各国于其通路上驻兵。又划定使馆区域，许其自行治理、防守。权利之丧失既多，体面亦可谓丧失净尽了。是时东南诸督抚，和上海各领事订立互保之约，不奉北京的伪令。虽得将战祸范围缩小，然中央的命令，自此更不行于地方了。而黑龙江将军又贸然与俄人启衅，致东三省尽为俄人所占。各国与中国议和时，俄人说东三省系特别事件，不肯并入和约之中讨论，幸保完整的土地，仍有不免于破碎之势。庚子一役闯出的大祸如此。而孝钦后自回銮以后，排外变而为媚外；前此之力阻变革者，至此则变为貌行新政，以敷衍国民。宫廷之中，骄奢淫逸，朝廷之上，昏庸泄沓如故。满清政府至此，遂无可维持，而中国国民，乃不得不自起而谋政治的解决。

十九世纪之末，瓜分之论，盛极一时，已见上章。一八九九年，美国国务卿海约翰氏（John Hay）乃通牒英、俄、法、德、意、日六国，提出门户开放主义。其内容为：（一）各国对于中国所获得的利益范围或租借地域，或他项既得权利，彼此不相干涉。（二）各国范围内各港，对他国入港商品，都遵守中国现行海关税率，课税由中国征收。（三）各国范围内各港，对他国船舶所课入口税，不得较其本国船舶为高。铁路运费亦然。这无非要保全其在条约上既得的权利。既要保全条约上的权利，自然要连带而及于领土保全，因为领土设或变更，既成的条约，在该被变更的领土上，自然无效了。六国都覆牒承认。然在此时，俄国实为侵略者，逮东三省被占而均势之局寝破。此时英国方有事于南非，无暇顾及东方，乃和德国订约，申明门户开放、领土保全之旨。各国都无异议。唯俄人主张其适用限于英、德的势力范围。英国力持反对。德国和东方，关系究竟较浅，就承认俄国人的主张了。于是英国觉得在东方要和俄国相抗，非有更强力的外援不可，乃有一九〇二年的英、日同盟。俄国亦联合法国，发表宣言，说如因第三国的侵略或中国的扰乱，两国利益受到侵害时，应当协力防卫。这时候，日本对于我国东北的利害，自然最为关切，然尚未敢贸然与俄国开战，乃有满、韩交换之论。大体上，日本承认俄国在东三省的权利，而俄人承认日本在韩的权利。而俄人此时甚骄，并此尚不肯承认，其结果，乃有一九〇四年的日、俄战争。俄国战败，在美国的朴茨茅斯，订立和约。俄人放弃在韩国的权利，割库页岛北纬五十度以南之地与日。除租借地外，两国在东三省的军队都撤退，将其地交还中国。在中国承认的条件之下，将旅顺、大连湾转租与日，并将东省铁路支线，自长春以下，让给日本。清廷如何能不承认？乃和日本订立《会议东三省事宜协约》，除承认《朴茨茅斯条约》中有关中国的款项外，并在三省开放商埠多处。军用的安奉铁路，许日人改为商用铁路。且许合资开采鸭绿江左岸材木。于是东北交涉的葛藤，纷纷继起，侵略者的资格，在此而不在彼了。当日、俄战争时，英国乘机派兵入藏，达赖出奔。英人和班禅立约，开江孜、噶大克为商埠。非经英国许可，西藏的土地，不得租、卖给外国人。铁路、道路、电线、矿产，不得许给外国或外国人。一切入款、银钱、货物，不得抵押给外国或外国人。一切事情，都不受外国干涉。亦不许外国派官驻扎和驻兵。中国得报大惊，然与英人交涉无效，不得已，乃于一九〇六年订立《英藏续约》，承认《英藏条约》为附约，但声明所谓外国或外国人者，不包括中国或中国人在内而止。在东北方面，中国拟借英款敷设新法铁路，日人指为南满铁路的平行线（东省铁路支线，俄人让给日本的，日人改其名为"南满路"），中国不得已作罢，但要求建造锦齐铁路时，日不反对。中国因欲借英、美的款项，将锦齐铁路延长至瑷珲。日人又唆使俄人出而反抗。于是美国人有满洲铁路中立的提议。其办法：系由各国共同借款给中国，由中国将东三省铁路赎回。在借款未还清前，由各国共同管理，禁止政治上、军事上的使用。议既出，日、俄两国均提出抗议。这时候，因英、美两国欲伸张势力于东北而无所成，其结果反促成日、俄的联合。两国因此订立协约，声明维持满洲现状，现状被迫时，彼此互相商议。据说此约别有密约，俄国承认日本并韩，而日本承认俄国在蒙、新方面的行动。此约立于一九一〇年。果然，日本于其年即并韩，而俄人对蒙、新方面，亦于其明年提出强硬的要求，且用哀的美敦书迫胁中国承认了。

外力的冯陵，实为清季国民最关心的事项。清朝对于疆土的侵削、权利的丧失，既皆熟视而无可如何，且有许多自作孽的事情，以引进外力的深入。国民对于清政府，遂更无希望，且觉难于容忍。在庚子以前，还希冀清朝变法图强的，至庚子以后，则更无此念，激烈的主张革命，平和的也主张立宪，所要改革的，不是政务而是政体了。革命的领导者孙中山先生，是生于中国的南部，能承袭明季以来的民族革命思想，且能接受西方的民治主义的。他当一八八五年，即已决定颠覆清朝，创建民国。一八九二年，在澳门立兴中会。其后漫游欧、美，复决定兼采民生主义，而三民主义，于是完成。自一八九二年以来，孙中山屡举革命之帜。其时所利用的武力，主要的为会党，次之则想运动防军。然防军思想多腐败，会党的思想和组织力亦嫌其不足用，是以屡举而无成。自戊戌政变以后，新机大启，中国人士赴外国留学者渐多，以地近费省之故，到日本去的尤多。以对朝政的失望，革命、立宪之论，盛极一时。一九〇五年，中山先生乃赴日本，将兴中会改组为同盟会。革命团体至此，始有中流以上的人士参加。中山先生说："我至此，才希望革命之事，可以及身见其有成。"中流以上的人士，直接行动的能力，虽似不如下层社会，然因其素居领导的地位，在宣传方面的力量，却和下层社会中人，相去不可以道里计，革命的思潮，不久就弥漫全国了。素主保皇的康有为，在此时，则仍主张君主立宪。其弟子梁启超，是历年办报，在言论界最有权威的。初主革命，后亦改从其师的主张，在所办的《新民丛报》内，发挥其意见，和同盟会所出的《民报》，互相辩论，于是立宪、革命成为政治上的两大潮流。因对于清朝的失望，即内外臣工中，亦有主张立宪的。日、俄战争而后，利用日以立宪而胜，俄以专制而败为口实，其议论一时尤盛。清朝这时候，自己是并无主张的。于是于一九〇六年下诏预备立宪。俟数年后，察看情形，以定实行的期限。人民仍不满足。一九〇八年，下诏定实行立宪之期为九年。这一年冬天，德宗和孝钦后相继而死。德宗弟醇亲王载沣之子溥仪立。年幼，载沣摄政，性甚昏庸。其弟载洵、载涛则恣意妄为。居政府首席的庆亲王奕劻，则老耄而好贿，政局更形黑暗。

人民屡请即行立宪，不许。一九一〇年，号称为国会预备的资政院，亦以为请，乃勉许缩短期限，于三年后设立国会。然以当时的政局，眼见得即使召集国会，亦无改善的希望，人民仍觉得灰心短气。而又因铁路国有问题，和人民大起冲突。此时的新军，其知识已非旧时军队之比；其纪律和战斗力，自亦远较会党为强。因革命党人的热心运动，多有赞成革命的。一九一一年十月十日，即旧历辛亥八月十九日，革命军起事于武昌。清朝本无与立，在无事时，亲贵虽欲专权，至危急时，仍不得不起用袁世凯。袁世凯亦非有诚意扶持清朝的，清人力尽势穷，遂不得不于其明年即中华民国元年二月十二日退位。沦陷了二百六十八年的中华，至此光复；且将数千年来的君主专制政体，一举而加以颠覆。自五口通商，我国民感觉时局的严重，奋起而图改革，至此不过七十年，而有如此的大成就，其成功，亦不可谓之不速了。